新媒体可视化科学教育丛书

分子与细胞 （高中生物）

Molecule and Cell

主　编／徐奇智
副主编／沈　阳　秦秀文

中国科学技术大学出版社

内 容 简 介

本书以《普通高中生物学课程标准》(2017年版)为基础,以生物学科核心素养为目标,优化知识的呈现方式,并深度应用可动态交互的AR、互动微件等新媒体技术,注重可视化教学和沉浸式学习,是融科学性、艺术性、互动性和趣味性为一体的生物可视化教材。全书分为细胞概述、细胞的分子组成、细胞的结构、细胞的物质交换、细胞的能量来源和转换、细胞的生命历程6章,以微观结构立体化、原理过程动态化、实验模拟化的形式,阐述了从微观到宏观、从生命现象到生命活动的本质等内容。

图书在版编目(CIP)数据

分子与细胞/徐奇智主编.—合肥:中国科学技术大学出版社,2020.9
(新媒体可视化科学教育丛书)
ISBN 978-7-312-04863-0

Ⅰ.分… Ⅱ.徐… Ⅲ.生物课—高中—教材 Ⅳ.G634.911

中国版本图书馆CIP数据核字(2020)第039605号

出版	中国科学技术大学出版社
	安徽省合肥市金寨路96号,230026
	http://press.ustc.edu.cn
	https://zgkxjsdxcbs.tmall.com
印刷	安徽国文彩印有限公司
发行	中国科学技术大学出版社
经销	全国新华书店
开本	787 mm × 1092 mm　1/16
印张	14.5
字数	268千
版次	2020年9月第1版
印次	2020年9月第1次印刷
定价	89.00元

编 委 会

主　编　徐奇智

副主编　沈　阳　秦秀文

编　委　孙曙辉　王　琰　曹瑞琪　葛媛媛

　　　　田　雪　侯媛媛　沈素青　张静雅

前　言

　　生物学是一门研究生命现象和生命活动规律的自然科学，与人类的生存发展、工农业生产、新技术革命以及其他自然科学都有着密切的联系。20世纪后半叶，生物学同物理学和化学等学科相互交叉渗透，取得了一系列重要的科学成就。当前，对生命活动本质的探究已经深入到分子水平。

　　本书包含细胞概述、细胞的分子组成、细胞的结构、细胞的物质交换、细胞的能量来源和转换、细胞的生命历程6章。本书适用于普通高中必修课程，并在一定程度上能够拓宽学生的视野。

　　本书依据《普通高中生物学课程标准》（2017年版），应用新媒体技术，赋予知识全新的呈现方式，力图让学习变得更有趣、更高效、更容易，带给学生可视化与沉浸式的学习体验，引导学生建立生命观念，培养理性思维，发展生物学科核心素养。

　　本书的特色主要反映在以下两个方面：

　　第一，包含大量的动态可交互式素材，深度应用新媒体技术，通过AR、互动微件、三维动画等形式，从微观结构、微观过程、抽象原理等多个维度进行可视化素材研发，以此激发学生的学习兴趣，培养学生的探究能力和创造能力。

　　第二，注重科学史部分的阐述，如对质膜的探索历程、光合作用的发现等，以此促进学生组建知识架构，理解知识的本质，帮助学生建立新的知识体系，从而培养学生的科学素养。

　　在编写本书的过程中，我们同时在思考当今的教育环境最缺少的是什么，除了严谨的科学态度，我们还应该怎样保护学生的想象力和求知欲。科技的发展为我们面临的困境提供了新的解决思路，我们希望学生可以通过这种沉浸式的探究学习，收获知识，爱上学习与创造。

　　本书难免有不妥之处，敬请读者批评指正。

编　者

目 录

前言 / I

第 1 章　细胞概述 / 1

1.1　探索细胞 / 2
1.2　细胞的多样性和统一性 / 10
章末总结 / 22

第 2 章　细胞的分子组成 / 26

2.1　细胞中的元素和化合物 / 27
2.2　蛋白质 / 35
2.3　核酸 / 46
2.4　糖类和脂质 / 53
章末总结 / 66

第 3 章　细胞的结构 / 72

3.1　质膜 / 73
3.2　细胞质 / 83
3.3　细胞核 / 93
章末总结 / 98

第 4 章　细胞的物质交换 / 103

4.1　物质跨膜运输的实例 / 104
4.2　物质跨膜运输的方式 / 112
章末总结 / 124

第 5 章　细胞的能量来源和转换 / 130

5.1　酶 / 131
5.2　ATP / 141
5.3　呼吸作用 / 148
5.4　光合作用 / 159
章末总结 / 178

第 6 章　细胞的生命历程 / 185

6.1　细胞的增殖 / 186
6.2　细胞的分化 / 197
6.3　细胞的衰老、凋亡和癌变 / 205
章末总结 / 214

附录 1　中英文词汇对照 / 219

附录 2　科学大事记 / 222

第1章 细胞概述

1665年，英国科学家罗伯特·虎克（R. Hooke，1635~1703）用自制的显微镜观察软木塞薄切片时，发现其中有许多排列规则的"小室"，他把这些小室命名为"cell"——细胞。这是人类首次发现细胞，当时虎克看到的实际上是细胞壁及由其围成的腔隙。

1674年，荷兰科学家列文虎克（A. van Leeuwenhoek，1632~1723）通过手工自制的显微镜观察并描述了单细胞生物，他将这些形体微小并会发生移动的生物称为"animalcules"，意思是很小的动物。此外，他也是最早观察并记录肌纤维、细菌、精虫、微血管中血流的科学家。列文虎克一生当中磨制了500多个镜片，并制造了400种以上的显微镜，其中有9种至今仍有人在使用。

17世纪光学显微镜（optical microscope）的发明，使生命科学的研究达到细胞水平。20世纪50年代，由于电子显微镜（electron microscope）的发明和相应技术的发展，人们对细胞的研究深入到亚显微水平。随着新技术、新方法的不断涌现，科学家开始从更微观的层次研究细胞的结构和功能。如今，细胞学的研究已深入到分子水平。300多年来，关于细胞的研究成绩斐然：植物细胞在培养瓶中成长为幼苗，动物体细胞核移植诞生克隆动物，细胞间DNA的转移创造新物种……科学家对于细胞的研究从未停止，生命科学正在迅猛发展。

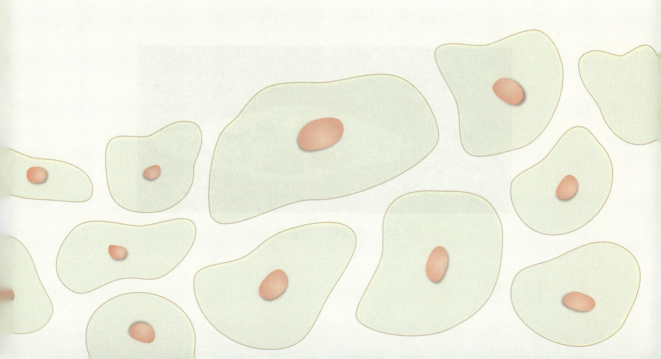

1.1 探索细胞

1.1.1 单细胞生物与多细胞生物

地球上的生命形式千差万别，其形态结构和生活习性虽然大相径庭，但无一例外均由细胞构成。有些生物体如大肠杆菌（图1.1）、眼虫（图1.2）和变形虫（图1.3）等，仅由一个细胞构成，叫作<u>单细胞生物</u>。一个细胞就是整个生命体，各种生命活动由细胞中特定的结构完成。其他生物如绝大多数植物、动物等，由许多细胞构成，叫作<u>多细胞生物</u>（图1.4）。不同的细胞各司其职而又相互协调，形成一个整体。病毒是非细胞形态的生命体，需要寄生于活细胞才会体现出生命的特征。

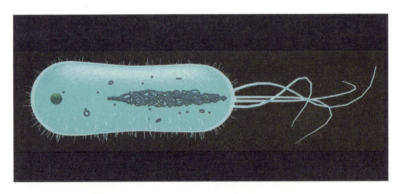

AR 单细胞生物大肠杆菌｜图1.1

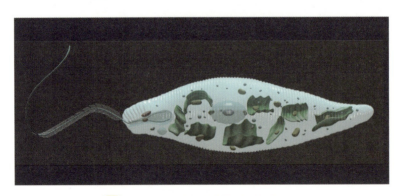

AR 单细胞生物眼虫｜图1.2

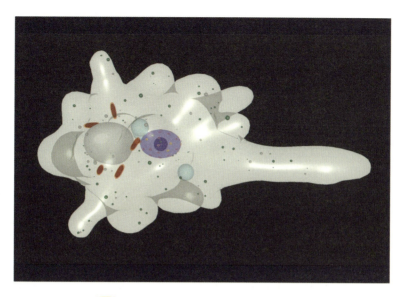

AR 单细胞生物变形虫｜图 1.3

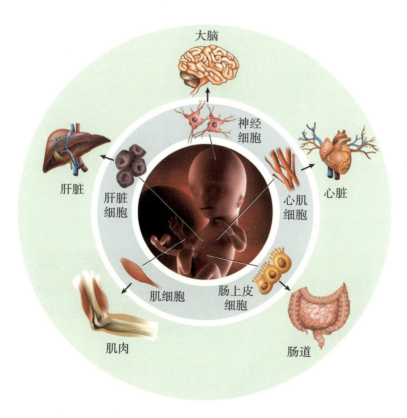

多细胞生物的各类组织器官均由细胞组成｜图 1.4

第 1 章　细胞概述

1.1.2 生命活动离不开细胞

草履虫（图1.5）的运动和增殖离不开细胞。草履虫是单细胞动物，表膜上长着许多纤毛，身体一侧有一条凹陷的小沟叫作口沟。体内有2个伸缩泡，每个伸缩泡向周围细胞质伸出放射状排列的收集管。常见的草履虫具有2个细胞核：大核主要对营养代谢起重要作用，小核主要与生殖作用有关。草履虫的呼吸作用主要通过体表进行，靠身体的外膜吸收水里的氧气，排出二氧化碳。草履虫通过吞噬作用从周围环境中摄取营养，食物（如细菌和腐烂的有机物）通过口沟处纤毛的摆动进入胞口，不能消化的残渣由身体后部的胞肛排出虫体。草履虫的生殖可分为分裂（无性）生殖和接合（有性）生殖。分裂生殖中细胞质一分为二，虫体从中部横向断裂，成为2个新个体（图1.6）。接合生殖较为复杂，其结果是原接合的2个亲本的虫体各自形成4个草履虫（图1.7）。

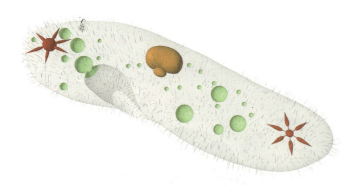

AR　草履虫｜图1.5

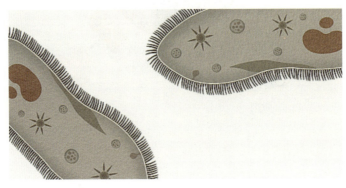

视频　草履虫的分裂生殖｜图1.6

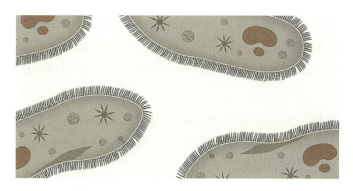

▶ 视频　草履虫的接合生殖｜图1.7

人的生殖和发育离不开细胞。生殖细胞包括精子和卵细胞，两者在输卵管内相遇，之后有一个精子进入卵细胞，与卵细胞相融合，形成受精卵。受精卵不断进行分裂，逐渐发育成胚泡（卵裂期结束后形成的囊胚）。胚泡从输卵管缓慢地移动到子宫中，最终植入子宫内膜，这就是怀孕。胚泡中的细胞会继续分裂和分化，逐渐发育成胚胎，并于怀孕后8周左右发育成胎儿，此时胎儿已具备人的形态。胎儿生活在子宫内半透明的羊水中，通过胎盘、脐带与母体进行物质交换（图1.8）。怀孕到40周左右，胎儿发育成熟，成熟的胎儿和胎盘一起从母体的阴道排出，即为分娩。

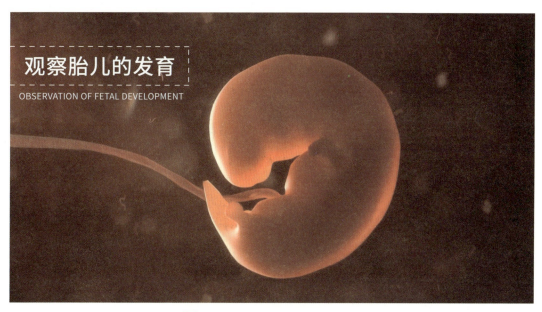

观察胎儿的发育
OBSERVATION OF FETAL DEVELOPMENT

▶ 视频　胎儿的发育｜图1.8

第1章　细胞概述

神经系统调节人体各种生命活动的基本方式是反射，而反射的完成离不开细胞。完成反射的结构基础是反射弧，由感受器、传入神经、神经中枢、传出神经、效应器等五个部分组成（图1.9）。能够将刺激转化为神经冲动的结构是感受器，它是感觉神经元周围突起的末梢，遍布于肌、腱、关节、韧带、筋膜、内脏、血管等处；运动神经末梢和它所支配的肌肉或腺体叫作效应器；神经中枢一般是指脑和脊髓灰质中功能相同的神经元细胞体汇集之处，能够调控生物体的某一项生理功能。参与缩手反射的主要有皮肤细胞、骨骼肌细胞、神经细胞和神经胶质细胞等多种不同类型的细胞。这些细胞的结构和功能不一，但彼此协作交流，保证机体反射活动顺利完成。

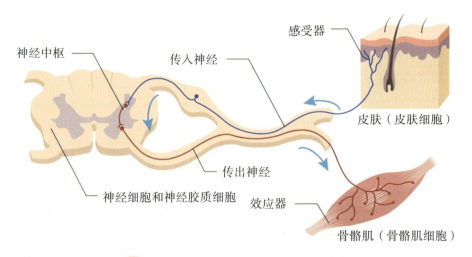

视频　缩手反射的结构基础｜图1.9

AR　SARS病毒｜图1.10

病毒的活动和繁殖离不开细胞。病毒是迄今发现的最小、最简单的有机体，只有在电子显微镜下才能观察到它。我们熟悉的病毒有SARS（非典型肺炎）病毒（图1.10）、HIV（人类免疫缺陷病毒）和噬菌体病毒等。病毒没有细胞结构，主要由蛋白质和遗传物质构成，不能独立进行新陈代谢，必须寄生在活细胞中才能存活并繁衍后代。由此可见，细胞是新陈代谢的基础，所有新陈代谢活动都离不开细胞。此外，病毒对宿主细胞的种类具有很强的选择性，一种病毒只寄生在特定的细胞中，例如，T_2噬菌体是一类专门寄生在细菌体内的病毒。

1.1.3 生命系统的结构层次

地球上的不同生命组成了富有层次的生命系统（life system）。生命系统是自然系统的最高级形式，指能独立与其所处的环境进行物质与能量交换，并在此基础上实现内部的有序发展与繁殖的系统。生命系统的结构层次由低到高分别是细胞、组织、器官、系统、个体、种群和群落、生态系统、生物圈（图1.11）。细胞是最基本的生命系统，生命活动建立在细胞的基础之上。

单细胞生物不具有系统、器官、组织层次，细胞即是个体；高等植物由根、茎、叶、花、果实和种子等六大器官直接构成，没有系统层次；病毒虽然是生物，但不能独立代谢，因此也不属于生命系统。

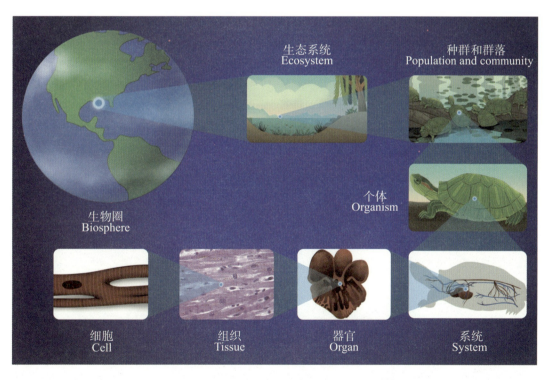

微件　生命系统的结构层次｜图1.11

拓 展

地球上最早的细胞

大约在46亿年前,地球形成之时是一个炙热的星球,火山活动丰富、雷暴频繁、氧气缺乏(图1.12)。地质学证据表明,大约在43亿年前,地球的温度下降,液态水出现,生命的演化由此开始。

在液态水中,最早产生的细胞是厌氧细菌,这些细菌通过从环境中吸收有机分子来获得营养物质和能量,并通过厌氧代谢来利用这些有机分子。之后,一些细胞进化出利用太阳光的能力,给大气中带来了自由氧气。对岩石的化学分析表明,大约在23亿年前,大气中第一次出现大量氧气。对厌氧细菌来说,氧气是十分危险的,因为氧气可以和有机分子发生反应,将它们分解。这次危机也带来了一个伟大进步——有氧代谢。因为有氧代谢后细胞获得的能量大大增加,所以需氧细胞有了显著的选择优势。

46亿年前的地球 | 图1.12

习题 Exercises

1. 下列能体现生命系统的结构层次由简单到复杂的顺序的正确组合是（　　）。
   ① 蛋白质　　② DNA　　③ 细胞
   ④ 器官　　　⑤ 组织　　⑥ 个体
   A. ①②③④⑤⑥　　　　　　B. ②③④⑤⑥
   C. ③⑤④⑥　　　　　　　　D. ③④⑥⑤

2. 下列说法正确的是（　　）。
   A. 病毒不能繁殖后代
   B. 细胞是所有生物体的结构和功能的基本单位
   C. 蛋白质、核酸等大分子物质不属于任何层次的生命系统
   D. 人工合成的脊髓灰质炎病毒属于生命系统的结构层次

3. 下列有关细胞的说法不正确的是（　　）。
   A. 没有细胞结构的病毒，其生命活动也离不开细胞
   B. 一个变形虫既可以说是细胞生命层次，也可以说是个体生命层次
   C. 细胞是大多数生物体结构和功能的基本单位
   D. 缩手反射中接受外界刺激并产生神经冲动的是皮肤表皮细胞

第 1 章　细胞概述

1.2 细胞的多样性和统一性

1.2.1 观察细胞

人们想要观察和研究细胞，必须借助各种技术和工具，如显微镜（图1.13）。构成生物体的细胞直径大多为10~50 μm（图1.14）。在光学显微镜（图1.15）中，光波穿过微小的生物体或较大生物体的薄切片，使细胞结构通过透镜系统而得以放大。精密的光学显微镜可以把细胞的结构放大约1500倍，能区分的两点间的最小距离（即分辨率）为0.2 μm。细胞中的结构如染色体、叶绿体、线粒体、核仁等的大小均超过0.2 μm，使用普通光学显微镜便可以看到，因此这些结构称为细胞的**显微结构**。质膜、内质网膜和核膜的厚度以及核糖体、微丝和微管的直径均小于0.2 μm，需要用分辨率更高的电子显微镜观察，这些结构被称为**亚显微结构**（超微结构）。

光学显微镜

电子显微镜

扫描隧道显微镜

几类显微镜的分辨能力 | 图 1.13

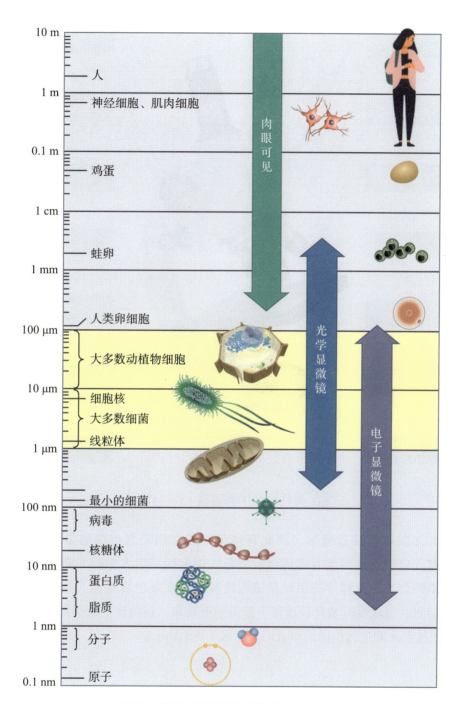

细胞、微生物及其组分的大小 | 图 1.14

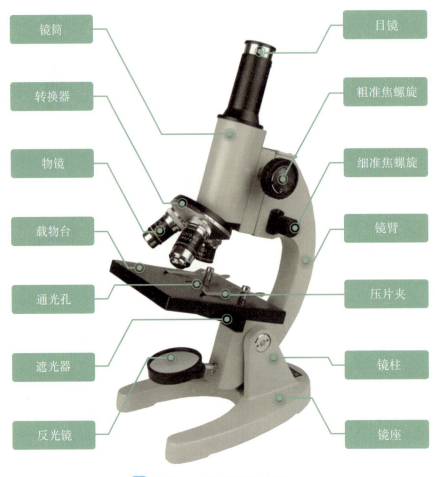

微件　光学显微镜 | 图 1.15

由于大多数细胞接近透明，因此观察前常需要用染料将细胞染色，以便于观察，如观察人口腔上皮细胞时需用碘液染色。许多组织因太厚而不能直接观察时，需要进行组织切片，这样才能用显微镜直接观察或在染色后观察，如观察洋葱鳞片叶内表皮细胞。制成临时装片后放置于显微镜下观察，显微镜下观察到的生物体的微观结构可通过照片和生物绘图的形式记录下来（图1.16）。

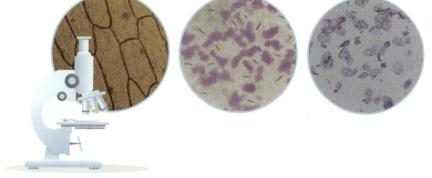

👆 微件　显微镜下的几种细胞｜图1.16

在使用高倍显微镜观察不同的细胞时,首先应选择低倍物镜,使其对准通光孔,调节反光镜使视野明亮,之后将装片放在载物台上固定,在低倍显微镜下找到物像,调节粗准焦螺旋,直至看到清晰的物像,再将要观察的目标移到视野中央,转动转换器换上高倍镜,最后用细准焦螺旋调焦,使物像更加清晰。使用光学显微镜观察制备好的临时装片时,体会从低倍物镜转换为高倍物镜的操作过程(图1.17)。

👆 微件　使用高倍物镜观察细胞｜图1.17

第1章　细胞概述

1.2.2 原核细胞和真核细胞

通过显微镜观察，可以发现形态、功能各异的细胞。神经细胞呈星芒状，能够感受刺激和传导兴奋；肌肉细胞多为梭形，具有收缩功能；哺乳动物成熟的红细胞呈双面凹陷的圆饼状，以增加气体交换的面积；叶片的表皮细胞无色透明，以便光线透过表皮，利于叶肉细胞进行光合作用；两个肾形的保卫细胞构成气孔，通过形态变化控制气孔开合（图1.18）。

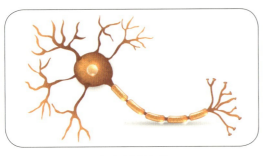
（a）神经细胞

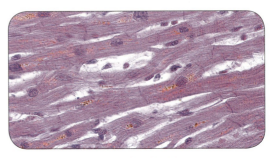
（b）肌肉细胞

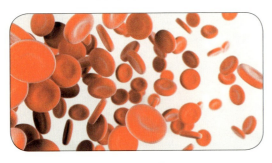
（c）红细胞

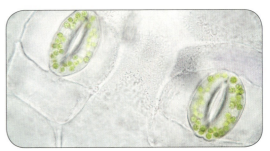
（d）表皮细胞和保卫细胞

多种多样的细胞 | 图 1.18

根据细胞进化的地位和结构的复杂程度，可将细胞分为原核细胞（prokaryotic cell）和真核细胞（eukaryotic cell）。

30多亿年前原核细胞便已在地球上出现，它们体积微小、结构简单。原核细胞内没有核膜包被的细胞核，也没有染色体，但有环状的DNA分子，位于细胞的特定区域——拟核中。由原核细胞构成的生物叫作原核生物，主要包括细菌和蓝细菌（图1.19）、支原体、衣原体等。

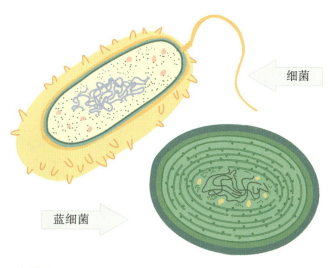

微件　细菌和蓝细菌的细胞结构｜图1.19

细菌的直径为0.5~5.0 μm，蓝细菌的直径约为10 μm，两者的细胞结构相似。

细菌在自然界中分布广泛、类型众多，空气、水、土壤以及生物体表面和体内都存在大量细菌。多数细菌是异养生物，它们从有机物中获得碳源和能量。少数细菌也可以利用无机物自己合成有机物，因而是自养生物。根据形态，一般将细菌分为球菌、杆菌、螺旋菌，比如金黄色葡萄球菌、乳酸杆菌、霍乱弧菌等（图1.20）。

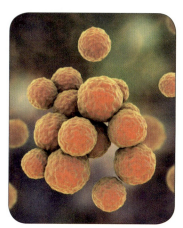
（a）金黄色葡萄球菌

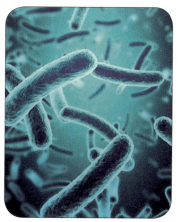
（b）乳酸杆菌

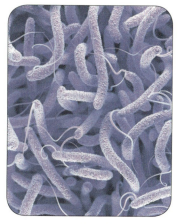
（c）霍乱弧菌

几种细菌｜图1.20

蓝细菌包括颤蓝细菌、念珠蓝细菌、微囊蓝细菌等（图1.21）。发菜也属于蓝细菌，细胞全体呈黑蓝色，一般贴于荒漠植物的下面，因其形如乱发、颜色乌黑而得名。蓝细菌是自养生物，细胞中有藻蓝素、叶绿素以及与光合作用相关的酶，因此能以CO_2为碳源合成有机物。蓝细菌在富含N、P、K等矿质元素的淡水中会大量繁殖而发生水华现象。

  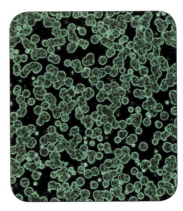

（a）颤蓝细菌　　（b）念珠蓝细菌　　（c）微囊蓝细菌

几种蓝细菌 | 图 1.21

真核细胞结构复杂，不仅有由核膜包被的细胞核，还有许多由膜包被的其他复杂结构。由真核细胞构成的生物叫作**真核生物**（图1.22）。除动物和植物外，真核生物还包括真菌和原生生物。我们生活中常见的蘑菇、木耳、酵母菌等都属于真菌。眼虫、草履虫、变形虫、衣藻等属于原生生物，它们是最低等的真核生物，原生生物大多数为单细胞生物，并且生活在水中。

（a）酵母菌　　（b）变形虫　　（c）衣藻

真核生物 | 图 1.22

原核细胞和真核细胞在结构上最重要的区别是原核细胞没有由核膜包被的细胞核，但是它们具有相似的细胞膜和细胞质，这也反映了细胞的统一性（图1.23）。

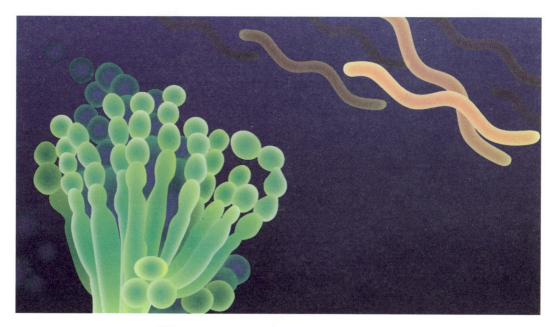

微件　真核生物与原核生物 | 图 1.23

1.2.3　细胞学说的建立

1838年，德国植物学家马休斯·施莱登（M. J. Schleiden，1804~1881）[图1.24（左）]在前人经验的基础上，通过研究得出：细胞是植物体中普遍存在的结构。随后，在对多种动物组织进行深入研究的基础上，另一位德国科学家西尔多·施旺（T. Schwann，1810~1882）[图1.24（中）]将施莱登的学说扩展到了动物界，他指出：外部形态比植物更加多样的动物体，也是由细胞构成的。由此施旺又进一步总结出：一切动植物体都是由细胞构成的。施莱登和施旺的发现极其重要，但当时他们并不清楚细胞是从哪里来的。在那个时代，大部分人还认为生物来自一些无生命的物质。1858年，德国病理学家鲁道夫·魏尔肖（R. L. C. Virchow，1821~1902）[图1.24（右）]提出"细胞只能来自细胞"这一论断，即细胞通过分裂产生新的细胞。

施莱登（左）、施旺（中）和魏尔肖（右） | 图1.24

施莱登、施旺、魏尔肖等科学家经过多年探索，逐步建立并完善了细胞学说（cell theory）。其主要内容是：细胞是有机体，一切动植物体都由细胞发育而来，并由细胞和细胞产物所构成；每个细胞作为一个相对独立的单位，既有它自己的生命，又对与其他细胞共同组成的整体起作用；新细胞是由老细胞分裂产生的。

细胞学说的建立掀起了人类对细胞研究的高潮，推动了细胞学的发展。人们对生物体结构的认识已进入细胞层次，可以通过对细胞的研究进一步认识生物的增长、繁殖及其他生命现象。为纪念施旺在细胞学中的突出贡献，人们称他为"细胞学之父"。恩格斯也对细胞学说给予了高度的评价，将它与进化论、能量守恒定律并列为19世纪自然科学的三大发现。

拓 展

显微镜的发展史

显微镜的诞生，使我们观察细胞成为可能。简易显微镜只有一块透镜，含有一块以上透镜的光学显微镜则称作复合显微镜。在过去的400多年中，人们对显微镜的许多方面做出了改进。

1590年，荷兰的眼镜制造商扎卡里尔斯（Z. Janssen，1572~1640）和他的父亲制作了世界上第一台复合显微镜。它的构造很简单，就是一个两头各带有一块透镜的圆筒（图1.25）。

第一台复合显微镜（1841年制作的复刻版） | 图1.25

1665年，罗伯特·虎克制造出的复合显微镜带有一盏照明用的油灯，并添加了一块透镜，使得油灯发出的光汇聚到标本上［图1.26（a）］。

1674年，安东尼·列文虎克制造出一台能将样本放大226倍的简易显微镜［图1.26（b）］。

1886年，德国科学家恩斯特·阿贝（E. Abbe，1840~1905）和卡尔·蔡斯（C. Zeiss，1816~1888）制作出一台具有复合透镜系统的光学显微镜，其中反光镜将汇聚的光线反射到标本上，极大地提高了图像质量。现代复合光学显微镜能有效地把标本放大1000倍［图1.26（c）］。

1932年，德国物理学家恩斯特·鲁斯卡（E. Ruska，1906~1988）发明了电子显微镜，用电子束代替了光线。

1933年，研制出的透射电子显微镜（transmission electron microscope）可将分辨率提升到0.2 nm，当把图像放大至50万倍时依然很清晰［图1.26（d）］。

1965年，扫描电子显微镜（scanning electron microscope）问世，其能将电子束发射到标本的表面，而不是穿过标本，然后形成标本表面结构的精细三维图像。扫描电子显微镜能把标本放大15万倍。

1981年，扫描隧道显微镜（scanning tunneling microscope）诞生，人类第一次能够实时观察单个原子在物质表面的排列状态和与表面电子行为有关的物化性质。扫描隧道显微镜是通过检测从标本表面逸出的电子来成像的，能把标本放大100万倍。

（a）虎克制造的显微镜

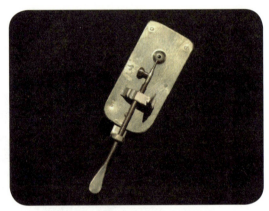

（b）列文虎克制造的显微镜

（c）光学显微镜

（d）透射电子显微镜

显微镜的发展｜图1.26

习题 Exercises

1. 下列生物中属于原核生物的一组是（　　）。
A. 蓝细菌、黄曲霉菌
B. 酵母菌、甲烷杆菌
C. 乳酸菌、发菜
D. 黑藻、金针菇

2. 若用同一显微镜观察同一标本4次，每次仅调整目镜或物镜和细准焦螺旋，结果得到下面各图，则其中视野最暗的是（　　）。

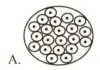  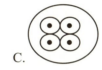
A.　　　　　　　B.　　　　　　　C.　　　　　　　D.

3. 下列说法不符合细胞学说主要内容的是（　　）。
A. 细胞中都有核糖体
B. 细胞学说揭示了细胞的统一性
C. 老细胞通过细胞分裂产生新细胞
D. 细胞的作用既有独立性又有整体性

章末总结

知识图谱
Knowledge Graph

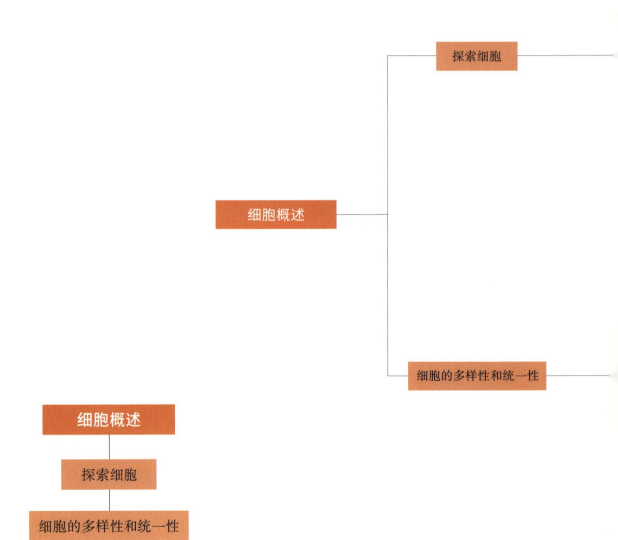

单细胞生物	大肠杆菌、眼虫和变形虫等		
多细胞生物	绝大多数植物、动物		
生命活动离不开细胞	草履虫的运动和增殖		
	人的生殖和发育		
	反射的完成		
	病毒的活动和繁殖		
生命系统的结构层次	细胞、组织、器官、系统、个体、种群和群落、生态系统、生物圈		
观察细胞	使用显微镜观察细胞		
原核细胞	细胞核无核膜包被	细菌、蓝细菌、支原体、衣原体	
真核细胞	细胞核有核膜包被	原生生物	眼虫、草履虫、变形虫、衣藻等
		真菌	蘑菇、木耳、酵母菌等
细胞学说的建立	提出者	施莱登、施旺	
	内容	细胞是有机体，一切动植物体都由细胞发育而来，并由细胞和细胞产物所构成	
		每个细胞作为一个相对独立的单位，既有它自己的生命，又对与其他细胞共同组成的整体起作用	
		新细胞是由老细胞分裂产生的	

第1章　细胞概述

迁移应用 Migrating Applications

1. 下列有关生命系统的叙述，正确的是（　　）。
A. 病毒无细胞结构，属于生命系统中最基本的层次
B. 细菌的细胞层次就是个体层次
C. 松树由器官组成系统，进一步形成个体
D. 生物圈是生命系统的最高层次，由地球上的植物、动物和微生物组成

2. 下列有关显微镜的叙述，错误的是（　　）。
A. 电子显微镜能观察到细胞的亚显微结构
B. 同一视野中，低倍镜看到的细胞数量比高倍镜的多
C. 光学显微镜的物镜越长，放大倍数越小
D. 光学显微镜总的放大倍数等于物镜放大倍数与目镜放大倍数的积

3. 请按要求作答：
① 大肠杆菌　　② 发菜　　③ 蓝细菌　　④ 噬菌体　　⑤ 霉菌
⑥ HIV　　　　⑦ 水绵　　⑧ 细菌　　　⑨ 酵母菌
（1）病毒为_____（请填序号）。
（2）真核生物为_____（请填序号）。
（3）原核生物为_____（请填序号）。
（4）真核生物和原核生物的根本区别是_____。

4. 下列关于蓝细菌和酵母菌的叙述，错误的是（　　）。
A. 蓝细菌没有叶绿体，但能进行光合作用　　B. 蓝细菌的遗传信息储存在细胞核中
C. 酵母菌代谢时会产生酒精和二氧化碳　　　D. 酵母菌细胞具有核膜包被的细胞核

5. 右图是低倍镜下的一个视野，要放大观察区域 a，则正确的操作顺序是（　　）。
① 转动粗准焦螺旋　　② 转动细准焦螺旋　　③ 调节光圈
④ 转动转换器　　　　⑤ 向左移动装片　　　⑥ 向右移动装片
A. ⑥②③④　　B. ⑤④③②　　C. ④③①②　　D. ⑥④③②

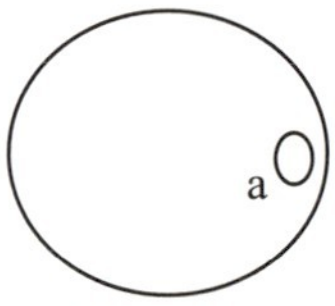

题5图

6. 与叶肉细胞相比，蓝细菌细胞（　　）。
   A. 只含有一种核酸，即 DNA 或 RNA　　B. 有相同的与光合作用有关的色素
   C. 没有核膜，但有细胞器　　D. 没有细胞壁和细胞膜，属于原核生物

7. 下列图示生物无细胞结构的是（　　）。

   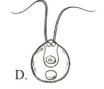

A.　　　　　　　　B.　　　　　　　　C.　　　　　　　　D.

8. 下列有关细胞及细胞学说的叙述，正确的是（　　）。
   A. 小麦细胞和发菜细胞的结构有差异，不具有统一性
   B. 原核细胞构成的原核生物都是营腐生和寄生生活的异养生物
   C. 原核细胞没有核膜，结构也比较简单，所以不具有多样性
   D. 细胞学说主要揭示了细胞的统一性和生物体结构的统一性

9. 下列有关细胞学说建立的叙述，正确的是（　　）。
   A. 该学说认为除病毒外，一切生物都是由细胞及细胞产物构成的
   B. 施旺和施莱登认为"新细胞可以从老细胞中产生"，即细胞通过分裂产生新的细胞
   C. 显微镜的发明和应用为细胞学说的建立奠定了基础
   D. 该学说认为由细胞构成的生物分为真核生物和原核生物

10. 请根据表格内容回答下列问题：

（1）视野中细胞数目最少的是_____组；同样光源下，光线最亮的是_____组。

（2）高倍镜下，如果显微镜视野较暗，应调节或转动的结构是_____、_____和_____。

（3）用 A 组镜头观察时，在视野内可看到 9 个细胞。若换 B 组镜头观察，则大约可看到_____个细胞。

题 10 表

编号	目镜	物镜
A 组	5×	10×
B 组	15×	10×
C 组	10×	40×

第 2 章　细胞的分子组成

生物体是由什么组成的？生物体为什么能产生生命现象？这两个问题自古至今一直是人们争论的焦点。历史上曾经有过许多不同的回答，大致可以划分为两个相互对立的观点，即"活力论"（vitalism）和"还原论"（reductionism）。

"活力论"认为有种特殊的、非物质的因素即"活力"支配着生物体的全部活动，生命世界和非生命的无机世界存在着截然不同的界限，亚里士多德（Aristotle，公元前384~前322）把这种"活力"叫作"隐德来希"（entelecheia的音译）。直到现代，不少著名的学者都坚持活力论的观点，但这种唯心主义的理论被越来越多生物学的实验所否定，逐渐销声匿迹。"还原论"认为，生命的构成与非生命没有本质区别，生物体所表现出来的生命现象最终可以被还原为物理学和化学现象，可以用机械原理或物理学、化学的规律来解释。但是，还原论的观点由于忽略了生命的特殊性而存在片面性。

19世纪后期，基于科学家对蛋白质等生命大分子的进一步深入研究，恩格斯（F. Engels，1820~1895）把生命定义为："生命是蛋白质的存在方式，这种存在方式本质上就在于这些蛋白质的化学组成部分不断地自我更新。"恩格斯认为生命是物质运动的主要形式之一，强调生命的物质性。恩格斯的理论虽然有时代的局限性，却是人类认识生命本质的一次飞跃。

20世纪50年代，分子生物学的兴起使得深入、详尽地阐释蛋白质和核酸等生物大分子的结构及其生物学功能成为可能，从而极大地深化了人类对生命分子及生命本质的认知。

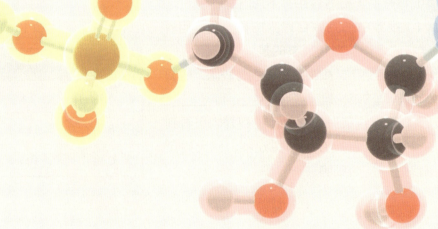

2.1 细胞中的元素和化合物

2.1.1 组成细胞的元素

几乎所有生物体都直接生存在无机自然环境中，与环境不断地进行着物质交换。地球上天然存在的元素有90多种，它们组成了世界上已知的非生物物质，组成生物体的物质也来自这些元素。目前为止，没有发现哪一种元素是生物界所特有的。生物界和非生物界在元素组成上存在统一性，但在元素的相对含量上又存在差异。例如，在地壳（包含大气）中，含量最多的元素是O，约占48.6%，其次是Si、Al、Fe等；在生物细胞中，含量最多的元素也是O，但含量高达65%，其次是C、H、N等（图2.1）。

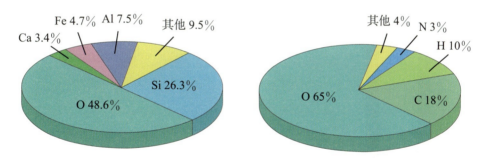

地壳（左）与生物细胞（右）中的元素含量 | 图2.1

在不同生物体中，组成细胞的化学元素虽然种类基本相同，但含量存在差别。例如，人体和玉米细胞的构成元素都含有C、H、O、N、K等，但每个元素的含量都不等，其中O含量相差约达30%（图2.2）。

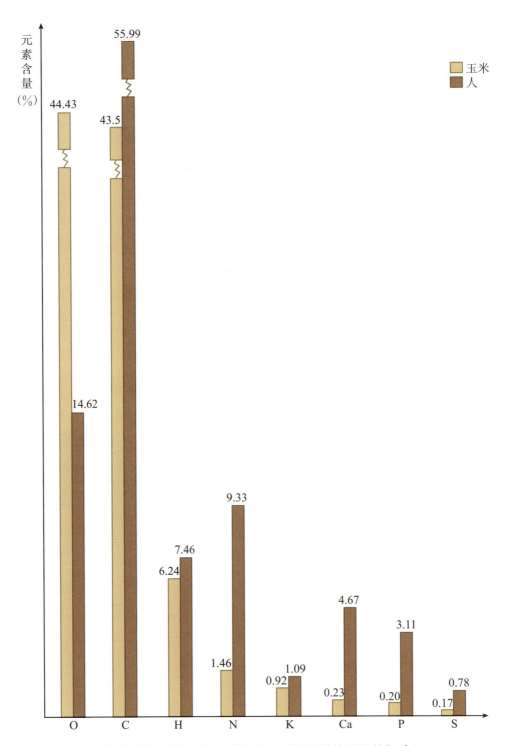

玉米和人体细胞的元素组成对比（占细胞干重的百分比） | 图 2.2

科学家通过对各种生物的细胞进行分析，发现构成细胞的化学元素主要有20多种。根据元素在人体内的含量不同，可分为大量元素和微量元素两大类。凡是占人体总重量0.01%以上的元素，如C、H、O、N、P、S、K、Ca、Mg等，均称为**大量元素**；凡是占人体总重量0.01%以下的元素，如Fe、Mn、Zn、Cu、B、Mo等，均称为**微量元素**。大量元素与微量元素在元素周期表中的分布如图2.3所示。

大量元素与微量元素在元素周期表中的分布｜图2.3

大量元素和微量元素在体内的含量虽然不同，但在构成细胞和调节生命活动方面都起着重要作用。这些元素摄入过量、不足、不平衡都会直接影响生物体的生长和正常生活。植物缺乏N时，会发生枝叶变黄、干枯甚至早衰的现象，而N过多时，茎秆的抗病虫、抗倒伏能力就会变差；植物缺乏B（硼）时，会出现花期延长、结实少等问题，而B过量时植物会出现失绿、焦枯、坏死等症状。对矮小身材儿童进行微量元素分析，发现大多数患儿体内Zn含量低于正常儿童；缺铁性贫血对于育龄妇女和儿童的健康影响非常严重，重度缺铁性贫血可增加儿童和母亲的死亡率，缺Fe也会损害儿童智力发育。

大量元素中，无论是细胞鲜重还是干重，C、H、O、N这四种元素的含量均最多，它们是组成细胞的基本元素。细胞鲜重中O元素的含量最多，而细胞干重中C的含量达到了55.99%，这表明C是构成细胞的最基本元素（图2.4）。

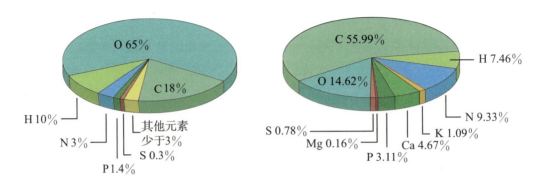

组成人体细胞的主要元素
占细胞鲜重的百分比（左）及占细胞干重的百分比（右） | 图2.4

2.1.2 组成细胞的化合物

组成细胞的元素大多以化合物的形式存在，可分为无机化合物（无机物）和有机化合物（有机物），两者的主要区别在于是否含有碳元素。无机物通常指不含碳元素的化合物，一氧化碳、二氧化碳、碳酸盐等简单的含碳化合物也属于无机物。有机物主要由碳元素、氢元素组成，是一定含碳的化合物，但是不包括碳的氧化物等物质。组成细胞的主要化合物及其相对含量如表2.1所示。

细胞中的主要化合物及其相对质量分数 | 表 2.1

类别	化合物	相对质量分数（%）
无机化合物	水	70.0~90.0
	无机盐	1.0~1.5
有机化合物	蛋白质	7.0~10.0
	脂质	1.0~2.0
	糖类和核酸	1.0~1.5

在活细胞中，水是含量最多的物质，约占细胞重量的2/3，可以说，没有水就没有生命。不同生物含水量有所差别，一般为60%~95%，水母（图2.5）含水量高达

97%，人体约为70%；同一生物在不同的生长发育阶段体内含水量不同，如幼儿时期高于成年时期，幼嫩部位高于老熟部位；同一生物不同部位的含水量也不同，如心肌含水79%，血液含水82%。人体在缺水10%时，生理活动就会发生紊乱；缺水20%时，生命活动就会终止。人每天必须饮用足量水才能满足正常代谢需求，细胞的形态会随着含水量的不同而发生相应的变化，缺水时细胞会皱缩，吸水时细胞体积会变大甚至涨破，如图2.6所示。

水母｜图2.5

皱缩红细胞　　正常红细胞　　膨胀红细胞

AR　红细胞的三种形态｜图2.6

水（H_2O）是由氢、氧两种元素组成的无机物（图2.7），常温常压下为无色无味的透明液体。生物体细胞中的水以自由水和结合水两种形式存在。

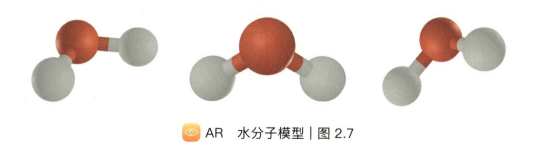

AR　水分子模型｜图2.7

绝大多数的水以游离的形式存在，可自由流动，称为自由水，是良好的溶剂。许多物质溶解在自由水中，且随着水的流动运送到各个细胞，同时也把细胞的代谢废物运送至排泄器官或直接排出体外；细胞中几乎所有的生物化学反应都是以自由水为介质进行的，有的自由水直接作为反应物参与其中。少部分水与细胞内的其他物质相结合，叫作结合水，约占细胞内全部水分的4.5%，是细胞结构的重要组分。休眠的种子，越冬的植物，生活在干旱和盐渍条件下的植物，它们细胞内结合水的含量相对增多，使得它们在不良环境下的生存能力增强。

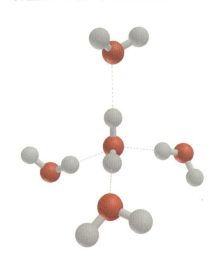

AR 水分子间的氢键 | 图2.8

水分子之间存在一种较弱的引力，称为氢键（图2.8）。每个水分子都可以与周围水分子通过氢键相互作用在一起。氢键较弱，易被破坏，因此水分子间的氢键不断地断裂，又不断地形成，使水在常温下能够维持液体状态，具有流动性。同时氢键的存在使得水具有较高的比热容，在吸收或释放同样的能量时，水的温度变化幅度会较小，因此水能较好地缓冲体温的变化，使细胞所处的液体环境的温度相对稳定。

细胞中的无机盐常以离子形式存在，含量较多的阳离子有Na^+、K^+、Ca^{2+}、Fe^{2+}、Fe^{3+}等，阴离子有Cl^-、SO_4^{2-}、PO_4^{3-}、HCO_3^-等。

无机盐虽然含量较少，仅占细胞鲜重的1%~1.5%，但具有重要的生理功能。当某些无机盐含量过少或过多时，生物体可能会出现相应的病症。例如，人体血液中Ca^{2+}的正常含量为45~55 mg/L，当缺少Ca^{2+}时，人会出现肌肉抽搐的现象，而Ca^{2+}过多时，又会出现肌肉乏力的现象；植物缺乏Fe^{2+}，会导致脉间失绿，呈清晰的网纹状，严重时整个叶片尤其是幼叶呈淡黄色，甚至发白（图2.9），香樟、栀子花等易患此症。

植物缺Fe^{2+}导致叶片变黄 | 图2.9

生物体中的有机化合物主要是蛋白质、脂质、糖类和核酸等，它们都是生物体结构的重要组成成分。一些有机化合物可以用专门的指示剂检测出来。例如，糖类中的还原糖（葡萄糖、果糖和麦芽糖等）与斐林试剂在水浴条件下发生作用，生成砖红色沉淀；脂肪可以被苏丹Ⅲ染液染成橘黄色（或被苏丹Ⅳ染液染成红色）；蛋白质含有肽键，可与双缩脲试剂发生紫色反应；淀粉遇碘变蓝色（图2.10）。

斐林试剂　　　苏丹Ⅲ染液　　双缩脲试剂（A液和B液）　　碘液

微件　检测生物组织中的糖类、脂肪和蛋白质｜图 2.10

拓 展

无机盐的生理功能

（1）无机盐是细胞的结构成分。有些无机盐是细胞内复杂化合物的重要组成部分，如Mg^{2+}是叶绿素分子必需的成分，Fe^{2+}是血红蛋白的主要成分，PO_4^{3-}是生物膜的主要成分磷脂的组成成分，也是ATP的主要组成成分。

（2）维持生物体内渗透压平衡和酸碱平衡，可使细胞保持一定的形态，从而保证细胞各种代谢活动的顺利进行。Na^+、Cl^-对细胞外液渗透压起重要作用，K^+对细胞内液渗透压起决定作用。正常情况下，人体的pH始终保持在一个动态平衡状态，细胞中的很多代谢反应依赖于这样的pH环境，而维持酸碱平衡的是血液中的一些无机盐离子，如血浆中的HCO_3^-、HPO_4^{2-}等。

（3）许多种无机盐对于维持细胞和生物体的生命活动具有重要作用。例如，缺碘会造成甲状腺肿大。

习题 Exercises

1. 组成小麦的主要元素是（　　　）。
   A. C、H、Ca、K、Mg、B
   B. N、P、S、Zn、Cu、Mn
   C. C、H、O、P、S、N
   D. H、O、Fe、B、Zn、Mg

2. 如图所示是组成人体细胞的主要元素及其比例，下列相关叙述错误的是（　　　）。
   A. 图中所示为细胞鲜重中元素的比重
   B. 因为O元素含量最多，所以O元素是构成有机物的基本元素
   C. 细胞失去大部分水分后，C元素比重最大
   D. 图中含有的元素在非生物界都可以找到

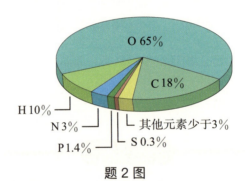

题2图

3. 下列关于植物体内水分的叙述，错误的是（　　　）。
   A. 植物体内的水分参与营养物质的运输
   B. 水是构成叶肉细胞的重要化合物之一
   C. 自由水可1作为细胞内化学反应的反应物
   D. 同种植物萌发种子的含水量和休眠种子的相同

4. 下列关于无机盐的叙述，正确的是（　　　）。
   A. 细胞中的无机盐大多数以化合物的形式存在
   B. Fe是血红蛋白的成分之一，缺乏Fe会影响氧气运输
   C. K是叶绿素的成分之一，缺乏K会影响光合作用进行
   D. S是蛋白质中的必有元素，缺乏S不能合成蛋白质

2.2 蛋白质

2.2.1 蛋白质的结构

蛋白质是大多数细胞中含量最多的有机化合物，占细胞干重的50%以上。除了含有C、H、O、N外，大多数蛋白质还含有S。蛋白质是细胞最重要的结构成分并参与所有的生命活动，在生物体内占有特殊的地位。人们日常的食物中一般都含有蛋白质，其中肉类、蛋类、奶类、豆类的蛋白质含量较为丰富（图2.11）。

富含蛋白质的食物｜图 2.11

摄入人体内的蛋白质会在酶的作用下分解为氨基酸，被人体吸收和利用。氨基酸是蛋白质的基本组成单位。自然界中的氨基酸有300余种，人体中组成蛋白质的氨基酸有21种。

各种氨基酸在结构上有着共同的特点,即每种氨基酸分子都至少含有一个羧基(—COOH)、一个氨基(—NH$_2$),并且都有一个氨基和一个羧基连接在同一个碳原子上,这个碳原子还连接着一个氢原子(—H)和一个侧链基团(—R),如图2.12、图2.13所示。

氨基酸的结构通式 | 图2.12

AR 氨基酸的结构 | 图2.13

各种氨基酸的区别在于R基的不同,可以根据R基的不同,将氨基酸划分为不同的种类。甘氨酸的R基是—H(图2.14),丙氨酸的R基是—CH$_3$(图2.15),缬氨酸的R基是—CH(CH$_3$)$_2$(图2.16),亮氨酸的R基是—CH$_2$CH(CH$_3$)$_2$(图2.17)……

AR 甘氨酸 | 图2.14

AR 丙氨酸 | 图2.15

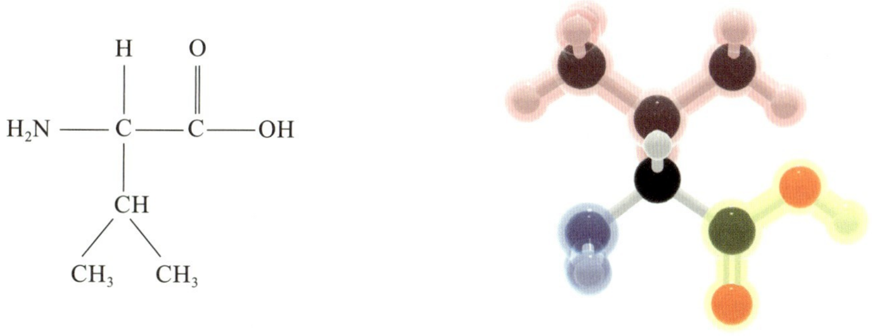

AR 缬氨酸 | 图 2.16

AR 亮氨酸 | 图 2.17

人体需要但不能在人体内合成，必须从外界环境中获取的氨基酸，称为**必需氨基酸**，如甲硫氨酸、缬氨酸、亮氨酸、异亮氨酸、赖氨酸、苏氨酸、色氨酸和苯丙氨酸等。动物性食物、豆类食物中一般含有较多的必需氨基酸。另外一些氨基酸是可以在体内由其他化合物转化而来的，称为**非必需氨基酸**，如甘氨酸、丙氨酸、丝氨酸、天冬氨酸、谷氨酸、谷氨酰胺等。

蛋白质分子是由许多氨基酸分子通过脱水缩合的方式连接而成的。**脱水缩合**是指一个氨基酸分子的羧基与另一个氨基酸分子的氨基相连接，同时脱去一分子水的结合方式（图2.18，图2.19）。连接两个氨基酸分子的化学键叫作**肽键**。由两个氨基酸分子缩合而成的化合物称为二肽。由 n 个氨基酸分子缩合而成，含有 $n-1$ 个肽键的化合物称为 n 肽，也称为多肽（$n \geq 3$），多肽常呈折叠或螺旋的链状结构，称为**肽链**。

氨基酸脱水缩合的化学反应式 | 图 2.18

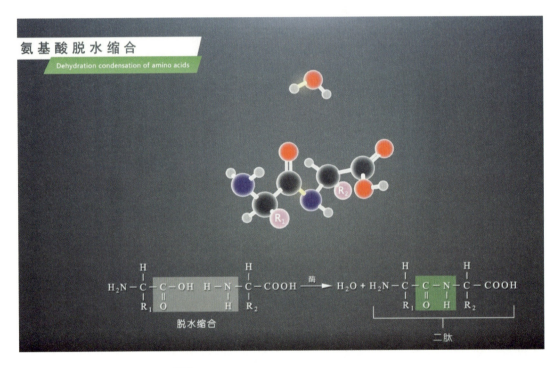

视频　氨基酸脱水缩合 | 图 2.19

每一条肽链都有特定的氨基酸序列。肽链能盘曲、折叠，形成具有一定空间结构的蛋白质分子。蛋白质的功能取决于氨基酸序列及其特定的空间结构。高温、强酸强碱或重金属盐等可以使蛋白质构象发生变化，一旦多肽链的盘曲、折叠方式被改变，蛋白质特定的功能便立即丧失，这是蛋白质的变性，变性的蛋白质由于肽键并没有断裂，故仍然可以与双缩脲试剂发生紫色反应。蛋白质被人体摄入后，在水解酶的作用下会水解成氨基酸，这时肽键会断裂，蛋白质水解成的自由氨基酸比没有水解的蛋白质更易于被人体吸收。在蛋白质水溶液中加入无机盐，可以降低蛋白质的溶解度，使蛋白质凝聚而从溶液中析出，这种作用叫作盐析，它是可以复原的物理变化。血红蛋白的结构组成如图2.20所示。

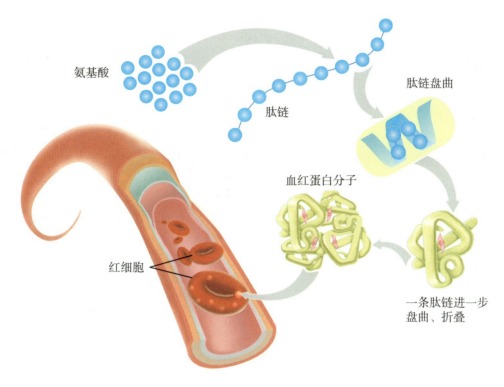

血红蛋白的结构组成｜图 2.20

2.2.2 蛋白质的种类和功能

氨基酸形成肽链时，不同种类氨基酸的排列顺序千变万化，肽链的盘曲、折叠及其形成的空间结构也千差万别，这就是细胞中蛋白质种类繁多的原因（图2.21）。据统计，生物界的蛋白质有10^{10}~10^{12}种之多，不同蛋白质的相对分子质量也差距很大，例如，牛胰岛素的相对分子质量约为5700，人血红蛋白的相对分子质量约为64500，蜗牛血蓝蛋白的相对分子质量约为6600000。

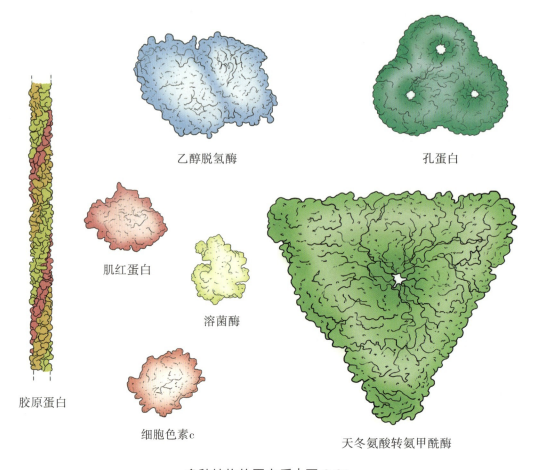

多种结构的蛋白质 | 图 2.21

蛋白质参与组成细胞和生物体的各种结构，并执行各种特定的生理功能。蛋白质按照功能主要划分为结构蛋白、伸缩蛋白、贮存蛋白、保护蛋白、运输蛋白、信号蛋白等。蜘蛛网的网丝、人体的毛发和肌肉（图2.22）等都是结构蛋白；卵清蛋白（如鸡蛋清）（图2.23）是一种贮存蛋白，可为胚胎的发育提供氨基酸源；细胞膜上的糖蛋白（图2.24）是信号蛋白，可实现细胞间的信号传递，协调和控制相关代谢和生命活动；血红蛋白（图2.25）作为一种运输蛋白，能运输氧气和二氧化碳；酶（图2.26）是生物细胞中催化生物化学反应的一类蛋白质，细胞中各种化学反应几乎都是在蛋白质类酶的催化下进行的。总之，蛋白质是细胞中重要的有机化合物，是生命活动的主要承担者，一切生命活动都离不开蛋白质。

蛋白质是构成人体毛发和肌肉的主要物质 | 图2.22

具有贮存功能的卵清蛋白 | 图2.23

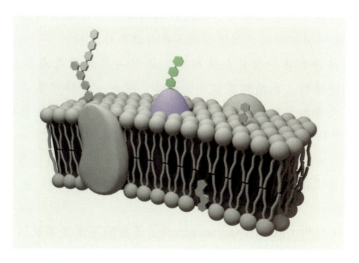

细胞膜上具有信息传递功能的糖蛋白 | 图2.24

第2章　细胞的分子组成

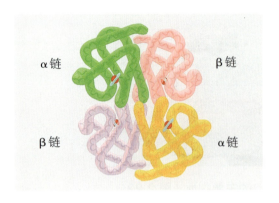 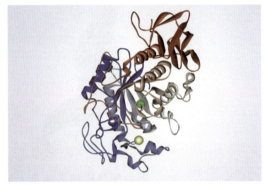

具体运输功能的血红蛋白 | 图 2.25　　具有催化功能的唾液淀粉酶 | 图 2.26

拓　展

蛋白质的结构层次

蛋白质的一级结构（primary structure）是指蛋白质多肽链中氨基酸残基的排列顺序，也是蛋白质最基本的结构。

蛋白质的二级结构（secondary structure）是指肽链主链的空间走向（折叠和盘旋方式），是有规则重复的构象。组成蛋白质的多肽链既不全部以伸展状态展开，也不以任意曲折的状态存在，而是具有一定的空间结构。常见的有α螺旋结构和β折叠片层结构。此结构中有氢键参与，以维持其稳定性。α螺旋结构和β折叠结构与多肽链骨架中的氢键密切相关，侧链基团不参与这两种结构。

除了α螺旋结构和β折叠片层结构外，还有一种无规则卷曲结构，指没有一定规律的松散肽链结构。此结构看似杂乱无章，但对一种特定蛋白又是确定的。在球状蛋白中含有大量的无规则卷曲，倾向于产生球状构象。这种结构有高度的特异性，与生物活性密切相关，对外界的理化因子极为敏感。

蛋白质的三级结构（tertiary structure）是指蛋白质的多肽链在各种二级结构的基础上再进一步盘曲或折叠，形成具有一定规律的三维空间结构，主要是指氨基酸残基的侧链间的结合。

蛋白质的四级结构（quarternary structure）是指两条或多条肽链之间通过次级键相互组合而形成的空间结构。

蛋白质的结构层次如图2.27所示。

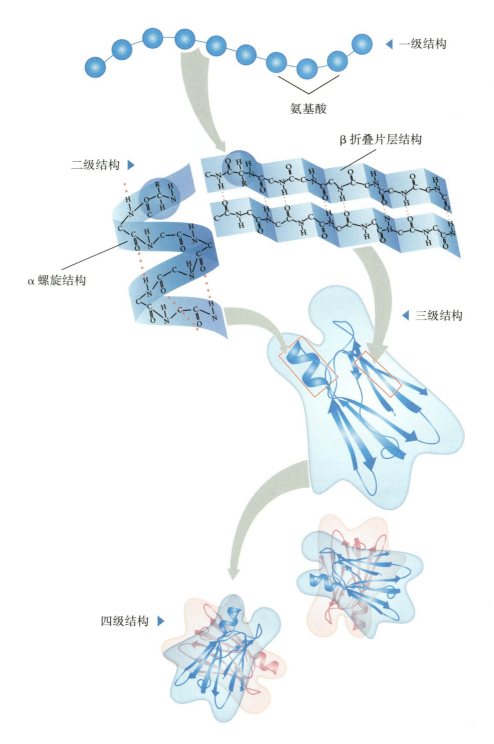

蛋白质的结构层次 | 图 2.27

习题 Exercises

1. 下列四个化学式中，可组成生物体蛋白质基本单位的是（　　）。

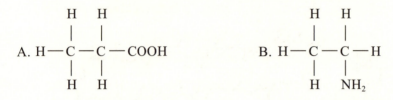

2. 如图所示为有关蛋白质分子的概念图，下列分析正确的是（　　）。

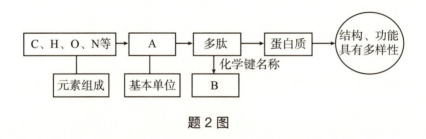

题 2 图

A. 分子量较大的蛋白质中可能有20种A
B. 蛋白质中的N元素主要存在B中
C. 蛋白质功能的多样性取决于A的多样性
D. 肽链中A的数目一般大于B的数目

3. 多个氨基酸分子缩合形成含两条肽链的蛋白质时，相对分子量减少了900，由此推知此蛋白质所含的氨基酸数和肽键数分别是（　　）。

A. 52、52 　　　　　　　　B. 50、50
C. 52、50 　　　　　　　　D. 50、49

4. 下列各种蛋白质与其功能不相对应的是（　　）。

A. 酶——催化功能

B. 血红蛋白——运输功能

C. 胰岛素——免疫功能

D. 肌肉蛋白——构成结构的组分

5. 谷氨酸的R基团为—$C_3H_5O_2$，在一个谷氨酸分子中，碳原子数和氧原子数分别是（　　）。

A. 4、4　　　　　　　　　　　　B. 5、4

C. 4、5　　　　　　　　　　　　D. 5、5

6. 血液中的血红蛋白和肌肉中的肌蛋白结构不相同的原因是（　　）。

A. 所含氨基酸种类不同

B. 所含氨基酸数量不同

C. 所含氨基酸的排列顺序不同

D. 所含氨基酸种类、数目、排列顺序和蛋白质的空间结构不同

2.3 核酸

核酸是生物体中贮存遗传信息、控制蛋白质合成的一类生物大分子。核酸控制着细胞的生命过程，几乎存在于所有细胞中。

2.3.1 核酸的结构和功能

核酸由C、H、O、N、P五种化学元素组成。核酸分子是由几百个乃至上亿个核苷酸互相连接而形成的长链。每个核苷酸由磷酸、五碳糖、含氮碱基三部分组成，五碳糖又分为脱氧核糖和核糖。由脱氧核糖构成的核苷酸是脱氧核糖核苷酸［图2.28（a），图2.29］（以下简称为脱氧核苷酸），多个脱氧核苷酸连接形成的大分子叫作脱氧核糖核酸（deoxyribonucleic acid，DNA），一般有两条链。由核糖构成的核苷酸是核糖核苷酸［图2.28（b），图2.30］，多个核糖核苷酸连接形成核糖核酸（ribonucleic acid，RNA），一般有一条链。

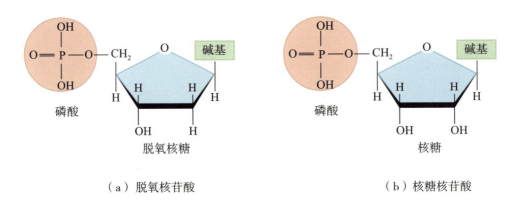

（a）脱氧核苷酸　　　　　　　　（b）核糖核苷酸

脱氧核苷酸和核糖核苷酸 | 图 2.28

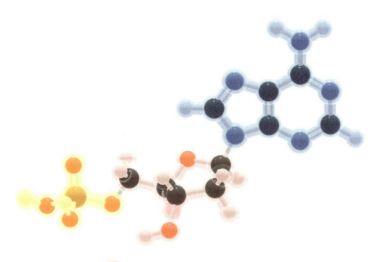

AR　脱氧核苷酸｜图2.29

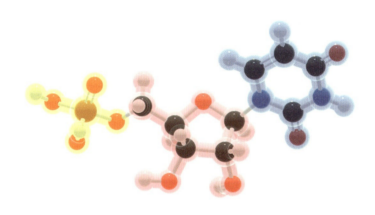

AR　核糖核苷酸｜图2.30

组成脱氧核苷酸的碱基有四种，分别是腺嘌呤（adenine，A）、鸟嘌呤（guanine，G）、胞嘧啶（cytosine，C）、胸腺嘧啶（thymine，T）；组成核糖核苷酸的碱基也有四种，分别为A、G、C、U（尿嘧啶，uracil）（图2.31）。

与多肽一样，核酸也是由核苷酸经过脱水缩合而形成的，聚合在一起后的核苷酸之间以磷酸二酯键相连（图2.32）。

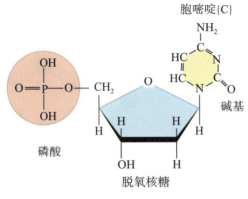

脱氧核苷酸

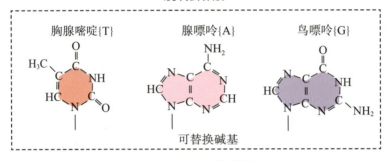

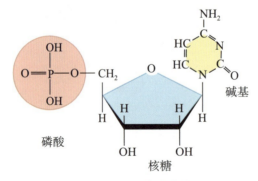

核糖核苷酸

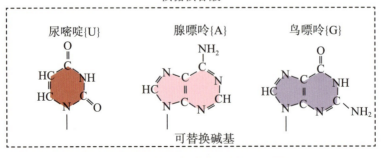

脱氧核苷酸和核糖核苷酸的组成 | 图 2.31

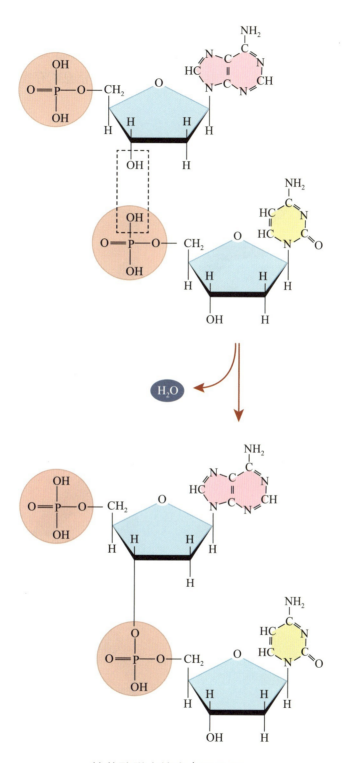

核苷酸脱水缩合 | 图 2.32

组成DNA和RNA的核苷酸单体种类虽然有限,但四种核苷酸的排列顺序是极其多样的(图2.33),因此核酸所贮存的遗传信息的容量非常大。绝大多数生物的遗传信息贮存在DNA(图2.34)分子中,少数病毒的遗传信息贮存在RNA分子中。

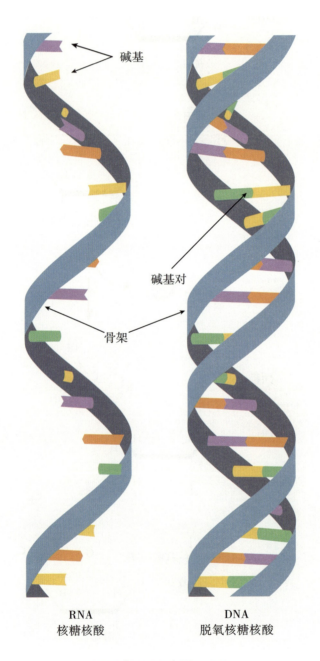

RNA 与 DNA | 图 2.33

AR　DNA的结构 | 图2.34

2.3.2　核酸的分布

DNA与RNA的结构和功能不同，在细胞中的分布也不同。以真核细胞为例，DNA主要存在于细胞核中，与蛋白质构成了染色体，线粒体、叶绿体中也含有少量的DNA。RNA主要存在于细胞质中，在蛋白质合成中起重要作用。甲基绿和吡罗红两种染色剂对DNA和RNA的亲和力不同，甲基绿使DNA呈现绿色，吡罗红使RNA呈现红色。利用甲基绿和吡罗红的混合染色剂将细胞染色，可以显示DNA和RNA在细胞中的分布。

拓　展

核酸的变性与复性

核酸的变性是指核酸双链间氢键断裂，并不涉及核苷酸间共价键的断裂。引起核酸变性的因素有很多，如温度、有机溶剂、酸碱度、尿素酰胺等试剂均可引起核酸的变性。DNA热变性是爆发式的，只在很狭窄的温度范围之内发生。通常将热变性温度称为"熔点"或解链温度，用符号T_m表示。DNA的T_m值一般为70~85 ℃。变性的DNA在适当条件下，两条彼此分开的脱氧核苷酸链又可以重新结合成双螺旋结构，这一过程叫作复性。复性后，DNA的一系列理化性质及生物学活性基本得到恢复。

习题 Exercises

1. DNA完全水解后，得到的化学物质是（　　）。
A. 氨基酸、葡萄糖、含氮碱基
B. 核糖、含氮碱基、磷酸
C. 氨基酸、核苷酸、葡萄糖
D. 脱氧核糖、含氮碱基、磷酸

2. 比较DNA和RNA的分子组成，下列说法正确的是（　　）。
A. 部分碱基相同，五碳糖不同
B. 碱基完全相同，五碳糖不同
C. 部分碱基不同，五碳糖相同
D. 碱基完全不同，五碳糖相同

3. 若以人的口腔上皮细胞为实验材料，用吡罗红和甲基绿染色，则在显微镜下可观察到（　　）。
A. 细胞整体被染成绿色
B. 细胞核被染成绿色
C. 细胞整体被染成红色
D. 细胞核被染成红色

2.4 糖类和脂质

2.4.1 糖类

糖类（carbohydrate）由C、H、O三种化学元素构成，是生物体维持生命活动所需能量的主要来源，也是组成生物体结构的基本原料。由于多数糖类分子中氢原子和氧原子之比是2∶1，类似水分子，因而糖类又被称为"碳水化合物"。

细胞中的糖类可以分为单糖、二糖和多糖。不能被水解成更小分子的糖类称为单糖，重要的单糖有葡萄糖（图2.35）、果糖（图2.36）、半乳糖（图2.37）、核糖与脱氧核糖。葡萄糖、果糖、半乳糖的碳链骨架都含有6个碳原子，称为六碳糖，它们的分子式都是$C_6H_{12}O_6$，但分子结构不同。核糖与脱氧核糖的碳链骨架都含有5个碳原子，它们的分子式分别是$C_5H_{10}O_5$、$C_5H_{10}O_4$。

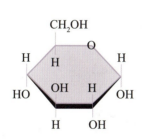 

AR 葡萄糖 | 图 2.35

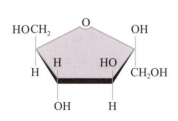 

AR 果糖 | 图 2.36

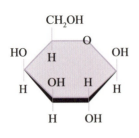 

👁 AR 半乳糖｜图 2.37

葡萄糖是细胞中最常见的糖，可直接被细胞吸收，是细胞中的主要能源物质，被形容为"生命的燃料"。因此，人患急性肠炎静脉输液治疗时，输液的成分中就含有葡萄糖。果糖是天然存在的甜度最高的糖，广泛分布于植物细胞中，水果、甜菜、地瓜等都含有果糖。半乳糖主要存在于各类动物乳汁中。常见含单糖的物质如图2.38所示。

常见含单糖的物质｜图 2.38

二糖是由两分子单糖脱水缩合而成的，必须水解成单糖才能被细胞吸收。常见的二糖有麦芽糖（图2.39）、蔗糖（图2.40）和乳糖（图2.41）。1分子麦芽糖水解产生2分子葡萄糖；1分子蔗糖水解产生1分子葡萄糖和1分子果糖；1分子乳糖水解产生1分子葡萄糖和1分子半乳糖。我们所食用的白糖、红糖是从甘蔗或甜菜中提炼得到的，其主要成分就是蔗糖。动物的乳汁如牛奶含有乳糖，麦芽糖一般存在于发芽的种子中，是制造啤酒的原料。

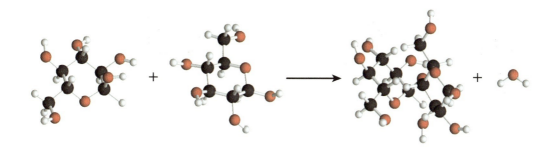

微件　麦芽糖的形成 | 图 2.39

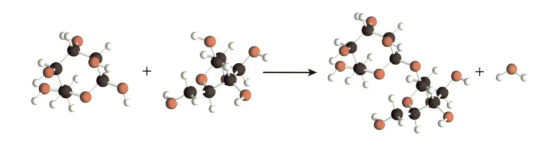

微件　蔗糖的形成 | 图 2.40

半乳糖 + 葡萄糖 —酶→ 乳糖 + 水

微件　乳糖的形成 | 图 2.41

能水解成多个单糖分子的糖是多糖，淀粉、纤维素和糖原都属于多糖。谷类植物的种子中含有丰富的淀粉，它是植物细胞中重要的贮存能量的物质。淀粉是由葡萄糖单体连接组成的链状多聚体分子（图2.42），根据淀粉分子的链分支与否分为直链淀粉和支链淀粉（图2.43）。直链淀粉经熬煮不易成糊，冷却后呈凝胶体，从其大分子结构上看，葡萄糖分子排列整齐。支链淀粉易成糊且黏性较大，但冷却后不能呈凝胶体，从其结构上看，葡萄糖分子排列不整齐。

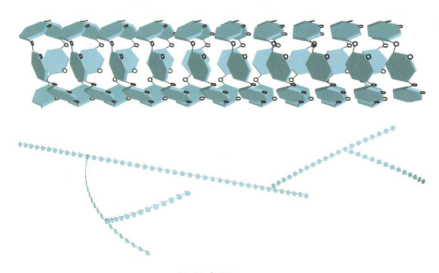

淀粉 | 图 2.42

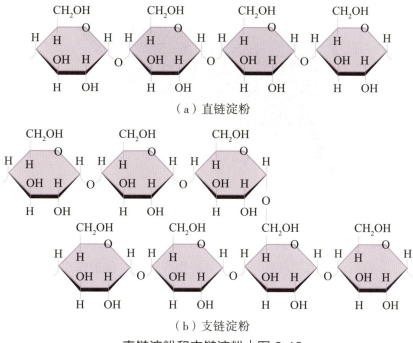

（a）直链淀粉

（b）支链淀粉

直链淀粉和支链淀粉｜图 2.43

食物中的淀粉在消化道水解后变成葡萄糖，这些葡萄糖成为人和动物合成动物多糖——糖原（图2.44）的原料。大多数糖原以颗粒状贮存于动物的肝脏（图2.45）和肌细胞中，分别称为肝糖原和肌糖原，需要时糖原可以被水解为葡萄糖。

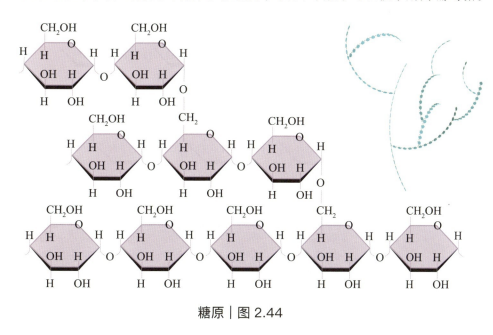

糖原｜图 2.44

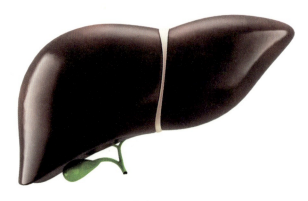

肝脏｜图2.45

纤维素（图2.46）也是由许多葡萄糖连接而成的，是植物细胞壁（图2.47）的基本组成成分，它所形成的网状纤维结构对植物细胞起着保护作用。淀粉、纤维素和糖原的基本单位都是葡萄糖。

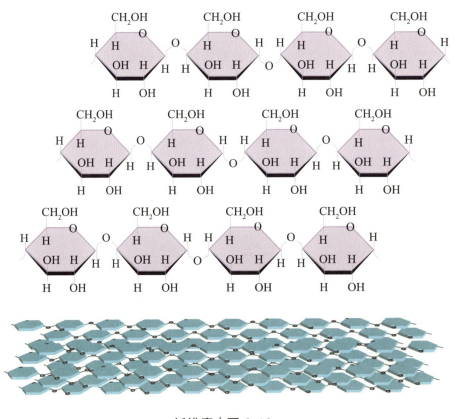

纤维素｜图2.46

植物细胞壁 | 图 2.47

2.4.2 脂质

脂质（lipid）是生物体的重要组成成分，主要由C、H、O三种元素组成，其中的氧元素含量远远少于糖类。常见的脂质有脂肪、磷脂和固醇等，它们的分子结构差异很大，通常都不溶于水，易溶于乙醚、氯仿、苯等有机溶剂。例如羽毛上的油脂对水有排斥作用，所以水落在羽毛上会形成圆形的水珠（图2.48）。脂肪、磷脂、固醇对维持细胞结构和功能有重要作用。

羽毛上的水珠 | 图 2.48

脂肪大量储存于植物种子、果实细胞和动物脂肪细胞中，是最常见的脂质（图2.49）。

富含脂质的食物｜图2.49

脂肪（图2.50）是由3分子脂肪酸与1分子甘油发生反应而形成的酯。脂肪酸（图2.51）主要是由碳和氢组成的长链。如果长链中碳和碳之间都是以单键相连，则称其为饱和脂肪酸（saturated fatty acid）；如果碳原子之间以双键连接，则称其为不饱和脂肪酸（unsaturated fatty acid）。含有不饱和脂肪酸的脂肪，在20 ℃时呈液态，不易凝结，如植物油。动物脂肪分子中连接的都是饱和脂肪酸，熔点较高，在室温下一般呈固态。

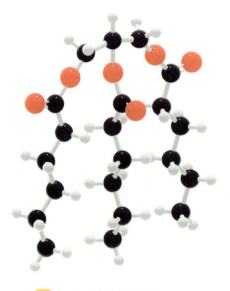

AR　脂肪分子｜图2.50

饱和脂肪酸

不饱和脂肪酸

脂肪酸 | 图 2.51

1 g 糖原氧化分解可释放出约 16.4 kJ 的能量，而 1 g 脂肪可以放出约 37.6 kJ 的能量，脂肪作为细胞内良好的储能物质，当生命活动需要时可以被分解利用。此外，高等动物及人体内的脂肪还有减少身体热量散失、维持体温恒定、减少内部器官之间的摩擦以及缓冲外界压力的作用。生活在海洋中的鲸、海豹（图2.52）皮下有厚厚的脂肪层，可以起到保持体温的作用。但对人类来说，过多的脂肪会导致肥胖，可能会诱发动脉硬化、高血压和心脏病等疾病。

海豹 | 图 2.52

第 2 章　细胞的分子组成

所有细胞都含有磷脂，磷脂是构成质膜和各种细胞器膜的主要成分，其在动物的脑、神经、肝脏中含量特别高，鸡蛋黄和大豆的种子（图2.53）中也含有较多的磷脂。卵磷脂是膳食和体内最丰富的磷脂之一。

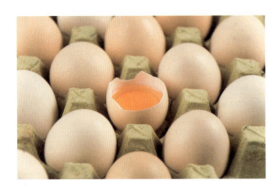

富含磷脂的食物 | 图 2.53

固醇类物质主要包括胆固醇、性激素和维生素D等，对生物体的正常代谢和生殖过程起着重要的调节作用。胆固醇是人体必需的化合物，是动物细胞膜的重要组成部分，可参与人体血液中脂质的运输。肝脏合成的胆固醇可以满足大部分人体所需，少量需从食物中摄取。如果从食物中摄取的胆固醇过多，那么体内过量的胆固醇就会在血管壁上沉积下来，阻碍血液正常的流动，引起心血管疾病。性激素能促进人和动物生殖器官的发育及生殖细胞的形成，激发并维持动物的第二性征。维生素D能促进人和动物对钙和磷的吸收。阳光中的紫外线能促进皮肤中的7-脱氢胆固醇经过一系列过程而生成活性维生素D，因此，适度晒太阳可以防治骨质疏松。

构成细胞的每种化合物都有其重要的生理功能，但是任何一种化合物都不能单独完成某一种生命活动，只有按照一定的方式有机地结合起来，相互作用，才能表现出细胞和生物体的生命现象。

2.4.3 元素以碳链为骨架形成复杂的生物大分子

细胞中的化合物有机地结合在一起，构成了细胞生命活动的物质基础。组成细胞的化合物除了水和无机盐外，蛋白质、核酸、多糖等生物大分子都是由许多基本的组成单位（即单体）连接而成，因此，这些生物大分子又称为单体的多聚体。例如，组成多糖的单体是单糖，组成蛋白质的单体是氨基酸，组成核酸的单体是核苷酸。每一个单体都以若干个相连的碳原子构成的碳链为基本骨架（图2.54），由许多单体连接成多聚体。正是由于碳原子在组成生物大分子中的重要作用，科学家们才说"碳是生命的核心元素""没有碳，就没有生命"。

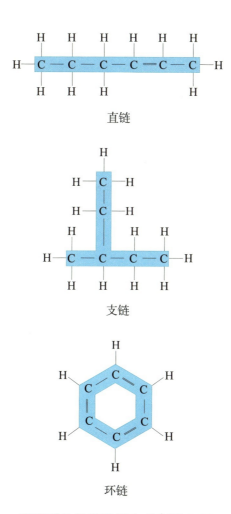

直链

支链

环链

碳原子的几种连接方式｜图2.54

拓 展

糖类、脂肪和蛋白质的转化

脂肪是动植物细胞中的贮能物质，当动物体内直接能源过剩时，首先转化为糖原，然后转化为脂肪。在植物体内则主要转化成淀粉，有的也能转化成脂肪。

糖类充足时，才能大量转化为脂类，脂肪不能大量转化为糖。当糖类代谢发生障碍时，由脂肪和蛋白质供能；当糖类和脂肪摄入量不足时，蛋白质分解加快；当大量摄入糖类和脂肪时，蛋白质分解减少。糖类只能转化成非必需氨基酸，不能转化成必需氨基酸（原因是糖类在分解时，不能产生与必需氨基酸相对应的中间产物）。氨基酸可以转化成脂质，但是在动物体内却不能利用脂质合成氨基酸（原因是脂质的代谢中间产物中缺乏与非必需氨基酸相对应的物质）。糖类、脂肪和蛋白质的转化如图2.55所示。

糖类、脂肪和蛋白质的转化 | 图 2.55

习题 Exercises

1. 下列关于糖类的叙述，正确的（　　）。
   A. 糖类分子都含有C、H、O
   B. 各种二糖都由葡萄糖组成
   C. 动植物中的糖类种类完全不同
   D. 生物体内的各种糖类只作为能源物质

2. 下列关于糖类化合物的叙述，正确的是（　　）。
   A. 葡萄糖、果糖、半乳糖都是还原糖，但元素组成不同
   B. 淀粉、糖原、纤维素都是由葡萄糖聚合而成的多糖
   C. 蔗糖、麦芽糖、乳糖都可与斐林试剂反应生成砖红色沉淀
   D. 蔗糖是淀粉初步水解的产物之一

3. 人体内的主要储能物质和主要能源物质分别是（　　）。
   A. 糖原和葡萄糖　　　　　B. 脂肪和糖类
   C. 蛋白质和脂肪　　　　　D. 蛋白质和糖类

4. 脂质与人体健康息息相关，下列叙述错误的是（　　）。
   A. 分布在内脏器官周围的脂肪具有缓冲作用
   B. 蛇毒中的磷脂酶因水解红细胞膜蛋白而导致溶血
   C. 摄入过多的脂肪会增加动脉硬化的风险
   D. 胆固醇既是细胞膜的重要组成部分，又参与血液中脂质的运输

章末总结

知识图谱
Knowledge Graph

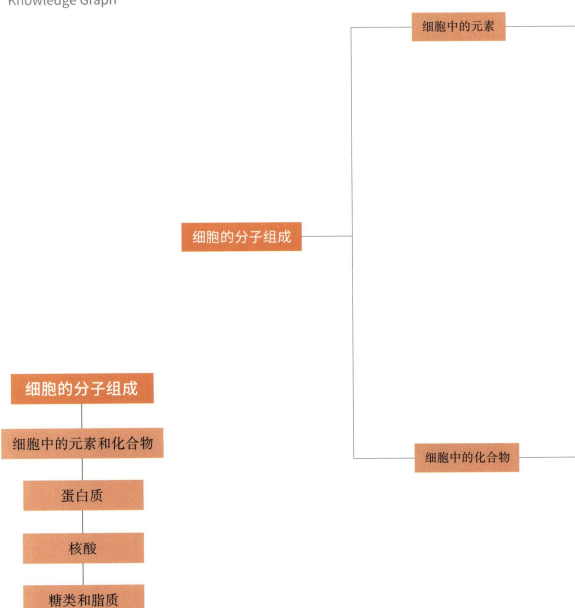

- 无机化合物
  - 最基本元素：C
  - 基本元素：C、H、O、N
  - 大量元素：C、H、O、N、P、S、K、Ca、Mg等
  - 微量元素：Fe、Mn、Zn、Cu、B、Mo等
  - 水：活细胞含量最多的物质　分类：自由水、结合水
  - 无机盐：含量少但具有重要的生理功能

- 有机化合物
  - 蛋白质
    - 组成元素：C、H、O、N，大部分含S
    - 基本组成单位：氨基酸
    - 参与组成细胞和人体的各种结构并执行各种特定的生理功能
  - 核酸
    - 组成元素：C、H、O、N、P
    - 基本组成单位：核苷酸
    - 分类：脱氧核糖核酸（DNA）、核糖核酸（RNA）
    - DNA主要在细胞核中，RNA主要在细胞质中
  - 糖类
    - 组成元素：C、H、O
    - 基本组成单位：单糖
    - 主要有：葡萄糖、果糖、半乳糖、核糖和脱氧核糖
    - 二糖
      - 麦芽糖　水解成2分子葡萄糖
      - 蔗糖　水解成1分子葡萄糖和1分子果糖
      - 乳糖　水解成1分子葡萄糖和1分子半乳糖
    - 多糖
      - 淀粉
      - 糖原
      - 纤维素
  - 脂质
    - 主要组成元素：C、H、O
    - 常见的有脂肪、磷脂和固醇等

迁移应用 Migrating Applications

1. 下列关于新鲜茶叶的说法，错误的是（　　）。
A. 采摘的新鲜茶叶的细胞中含量最高的化合物是 H_2O
B. 制好的成品茶化学元素含量的高低是 C>O>N>H
C. 茶和人体所含元素种类大致相同，但含量差异很大
D. 泡茶过程中细胞含水量不发生变化

2. 活细胞中含量最多的两种化合物所共有的元素是（　　）。
A. C、H、O
B. C、H、O、N
C. O、H
D. H、P

3. 人体某些组织的含水量近似，但形态却不同，例如，心肌含水约 79% 而呈坚韧的形态，血液含水约 82% 却呈川流不息的液态，对这种差异的解释是（　　）。
A. 心肌内含较多结合水
B. 血液中全是结合水
C. 心肌内含较多自由水
D. 血液中全是自由水

4. 油菜种子成熟过程中部分有机物的变化如图所示，将不同成熟阶段的种子制成匀浆后检测，则表中所示结果正确的是（　　）。

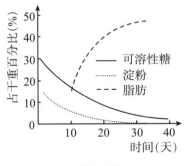

题 4 图

题 4 表

选项	取样时间	检测试剂	检测结果
A	第10天	斐林试剂	不显示
B	第20天	双缩脲试剂	不显示
C	第30天	苏丹Ⅲ染液	红色
D	第40天	碘液	不显示

5. 蛋白质是决定生物体结构和功能的重要物质，下列关于蛋白质的叙述，错误的是（　　）。

A. 线粒体内膜的蛋白质种类及数量较外膜的多，故其功能更复杂

B. 氨基酸之间通过脱水缩合生成的 H_2O 中，氢来自于氨基和羧基

C. 变性后的蛋白质仍可与双缩脲试剂发生紫色反应

D. 蛋白质肽链的盘曲和折叠被解开后，其特定功能未发生改变

6. 下列有关"遗传信息携带者——核酸"的说法，正确的是（　　）。

A. 与甲基绿结合的核酸分子只分布在细胞核中

B. 所有生物遗传物质的组成中都有脱氧核糖、碱基和磷酸

C. 核酸是一切生物的遗传物质，DNA 和 RNA 都能携带遗传信息

D. 在观察"DNA 和 RNA 在细胞中的分布"实验中，应先后加入甲基绿和吡罗红

7. 下列选项中，属于动植物共有的糖类是（　　）。

A. 葡萄糖、核糖和脱氧核糖　　B. 葡萄糖、淀粉和果糖

C. 淀粉、脱氧核糖和乳糖　　D. 麦芽糖、果糖和乳糖

8. 右图为细胞的组成成分示意图，请据图回答：

（1）如果该图表示活细胞的元素组成相对比例示意图，则 A 表示_____元素。

（2）如果该图表示活细胞内各种化合物的相对含量比例示意图，则 A 表示_____。

（3）如果该图表示完全脱水处理后细胞内各种化合物的相对含量比例示意图，则 A 表示_____。

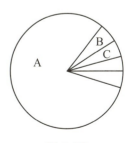

题 8 图

9. 在核酸分子中，下面图示所代表的名称分别是＿＿＿＿＿＿＿＿＿＿＿＿＿＿＿、
＿＿＿＿＿＿＿＿＿＿＿＿＿＿＿。

题 9 图

10. 下表中所列为玉米植株和人体内含量较多的化学元素的种类，以及各种元素占细胞干重的质量分数，请据表回答下列问题：

题 10 表

元素	O	C	H	N	K	Ca	P	Mg	S
人	14.62%	55.99%	7.46%	9.33%	1.09%	4.67%	3.11%	0.16%	0.78%
玉米	44.43%	43.57%	6.24%	1.46%	0.92%	0.23%	0.20%	0.18%	0.17%

（1）组成人体和玉米的基本元素是＿＿＿＿＿＿＿＿＿，其中最基本的元素是＿＿＿＿＿＿＿＿＿。
（2）从表中可以看出，组成人体和玉米的元素在种类上＿＿＿＿＿＿＿＿＿＿＿＿＿＿＿，而在含量上＿＿＿＿＿＿＿＿＿＿＿＿＿＿＿。

11. 中国科学院上海生化细胞所于 1982 年合成了一种具有镇痛作用的药物——脑啡肽，下图为脑啡肽的结构简式，请据图回答下列问题：

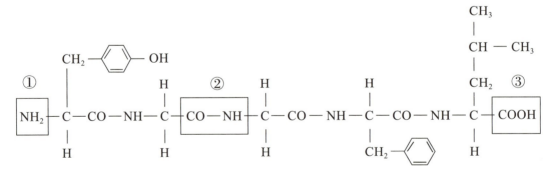

题 11 图

（1）图中①的名称是_____，②的名称是_____。

（2）脑啡肽是由_____个氨基酸分子缩合而成的。与脂肪相比，该化合物特有的元素是_____。

（3）如果提供构成该化合物的每种氨基酸，且保证数量充足，那么包括此物质在内，理论上能合成出_____种与它长短相同的化合物。

12. 下图是构成细胞的元素及化合物之间的关系图谱，化合物 a、b、c、d 代表不同的小分子物质，请据图分析并回答下列问题：

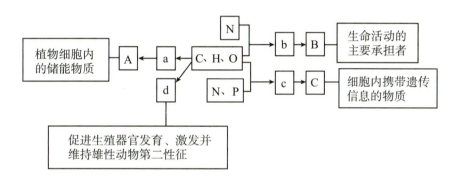

题 12 图

（1）物质 a 是_____，在动物细胞内，与物质 A 作用最相似的物质是_____。若物质 A 在动物、植物细胞中均含有，并且作为细胞内最理想的储能物质，不但含能量多而且体积较小，则 A 是_____。

（2）物质 b 是_____，其分子结构的特点是_____。若某种 B 分子是由 n 个 b 分子（平均相对分子质量为 m）形成的 2 条链的化合物，则该 B 分子的相对分子质量大约为_____。

（3）物质 c 在人体细胞中共有_____种，分子中_____的不同决定了 c 的种类不同。

（4）物质 d 是_____，d 和_____、_____都属于固醇类物质。

第 3 章 　细胞的结构

　　1898年，意大利科学家高尔基（C. Golgi, 1843~1926）等发现了由几部分膜性结构共同构成的高尔基体。

　　1945年，波特（K. R. Porter, 1912~1997）等人在电子显微镜下发现了细胞内有连续相通的膜性管道系统——内质网；1955年，德迪弗（C. R. Duve, 1917~2013）在鼠肝细胞中发现了含有多种水解酶的膜性细胞器——溶酶体。这些研究成果为揭示细胞的生物膜系统奠定了基础。

　　1963年，美国科学家采用戊二醛常温固定法电镜技术观察到细胞内的微管结构，从而确认了细胞的骨架系统。目前，有关细胞骨架的研究已经成为细胞生物学中较为活跃的领域之一。

　　1972年，桑格（S. J. Singer, 1924~2017）和尼克森（G. L. Nicolson, 1943~ ）总结了当时有关膜结构的模型，提出了流动镶嵌模型。细胞膜的研究揭示了细胞膜不但具有物质交换的功能，而且在细胞识别和信息传递方面起着重要作用。

3.1 质膜

1855年，瑞典科学家耐格里（K. W. Mageli, 1817~1891）在显微镜下用探针刺向细胞，看到细胞表面出现褶皱，同时感到阻力，一旦探针刺破细胞进入内部，阻力便随即消失（图3.1）。这表明细胞表面有一层薄薄的膜。他把这层膜叫作质膜（plasma membrane），也称细胞膜。

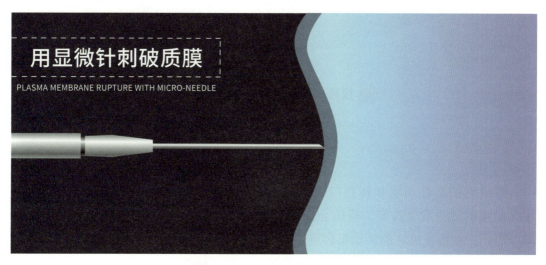

视频　刺破质膜｜图 3.1

3.1.1 质膜的成分

早在19世纪末，科学家们就对质膜的成分进行了探究，他们常用动物的卵细胞、红细胞、神经细胞等作为实验材料（图3.2）。研究发现，质膜主要由脂质和蛋白质组成。此外，还有少量的糖类。其中脂质约占质膜总量的50%，蛋白质约占40%，糖类占2%~10%。在组成质膜的脂质中，磷脂最为丰富。蛋白质在质膜的功能中起重要作用，功能越复杂的质膜，蛋白质的种类和数量越多。

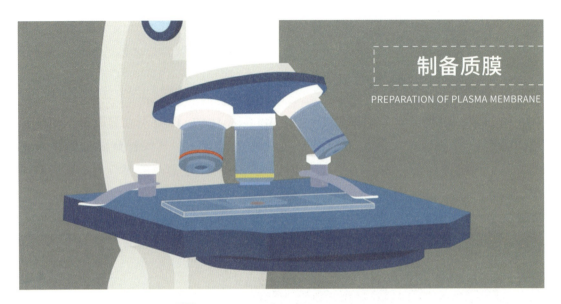

视频　制备质膜的方法｜图 3.2

与生活的联系 / contact

癌细胞的恶性增殖和转移与癌细胞质膜成分的改变有关。细胞在癌变的过程中，质膜的成分发生改变，有的会产生甲胎蛋白（AFP）、癌胚抗原（CEA）等物质。因此，在检查癌症的验血报告单上有AFP、CEA等检测项目。如果这些指标超过了正常值，应做进一步检查，以确定体内是否出现了癌细胞。

3.1.2　质膜的结构

探索历程 / course

1895年，欧文顿（E. Overton，1865~1933）用500多种化学物质对植物细胞的通透性进行了上万次的实验，发现质膜对不同物质的通透性不一样：凡是可以溶于脂质的物质，比不能溶于脂质的物质更容易通过质膜进入细胞。于是他提出：膜是由脂质组成的。

20世纪初，科学家第一次将质膜从哺乳动物红细胞中分离出来。化学分析表明，膜的主要成分是磷脂和蛋白质。1925年，荷兰科学家戈特（E. Gorter，1881~1954）和格伦德尔（F. Grendel，1897~1969）用丙酮抽提红细胞质膜结构，计算出红细胞质膜平铺面积与其表面积之比为（1.8~2.2）：1，其平铺面积约为其表面积的两倍。他们由此提出了脂质双分子层模型（图3.3）。

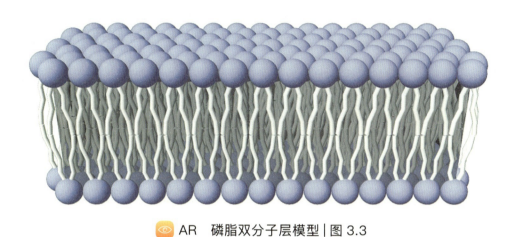

AR 磷脂双分子层模型 | 图3.3

1935年，英国学者丹尼利（J. F. Danielli，1911~1984）和戴维森（H. Davson，1909~1996）发现质膜的表面张力比油-水界面的张力低得多，推测膜中含有蛋白质，从而提出了"蛋白质—脂类—蛋白质"三明治模型，它又被称为片层结构模型。他们认为质膜由双层脂类分子及其内外表面附着的蛋白质构成。

1959年，罗伯特森（J. D. Robertson，1923~1995）用超薄切片技术获得了清晰的质膜照片，在电子显微镜下看到了质膜的"暗—明—暗"三层结构（图3.4），厚约7.5 nm（双层脂分子厚约3.5 nm，内外表面蛋白质各厚约2 nm）。他提出了"单位膜模型"假说：连续的脂质双分子层组成膜的主体，磷脂的非极性端朝向膜内侧，极性端朝向膜外两侧，蛋白质以单层肽链的厚度通过静电作用与磷脂极性端相结合，从而形成"蛋白质—磷脂—蛋白质"三层结构（图3.5），并且在电镜下看到的亮层是脂质分子，暗层是蛋白质分子。他还提出真核细胞与原核细胞具有相同的膜结构。单位膜模型的

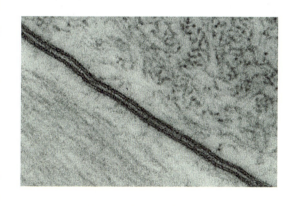

显微镜下的质膜结构 | 图3.4

主要不足在于把生物膜的结构描述成静止的、不变的，这显然与膜功能的多样性相矛盾，解释不了细胞的生长、变形虫的变形运动、植物细胞的质壁分离等现象。

AR　单位膜模型｜图 3.5

1970年，科学家用绿色荧光染料标记小鼠细胞表面的蛋白质分子，用红色荧光染料标记人细胞表面的蛋白质分子，将小鼠细胞和人细胞融合。刚融合的杂交细胞一半发绿色荧光，另一半发红色荧光，在37 ℃下经过40 min，两种颜色的荧光均匀分布（图3.6）。这一实验以及相关的其他实验证据表明细胞膜具有流动性。

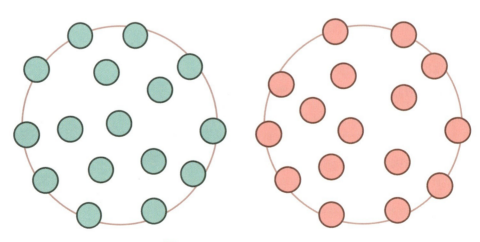

视频　细胞融合｜图 3.6

在新的观察和实验证据的基础上,又有学者提出了一些关于质膜的分子结构模型。其中,1972年桑格和尼克森提出的流动镶嵌模型为大多数人所接受。流动镶嵌模型认为:

(1)磷脂双分子层构成了膜的基本支架,这个支架不是静止的。其中磷脂分子(图3.7)

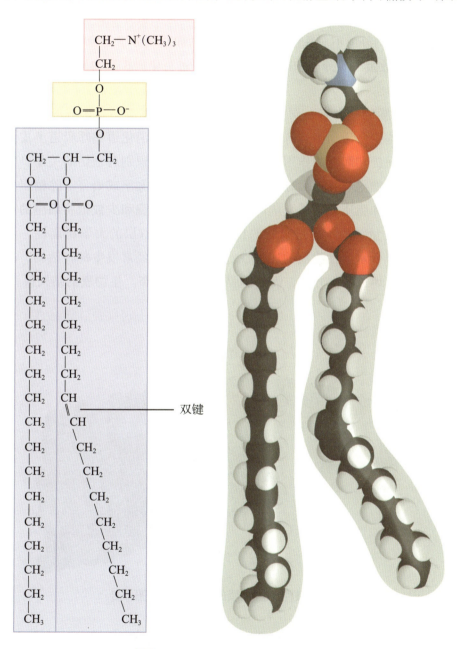

AR 磷脂分子|图3.7

的亲水性头部朝向两侧，疏水亲脂性的尾部相对朝向内侧。磷脂是一种由甘油、脂肪酸和磷酸等组成的分子，磷脂一端为亲水的含氮或磷的头，另一端为疏水的长烃基链。

（2）膜蛋白分子以各种镶嵌形式与磷脂双分子层相结合，有的镶在磷脂双分子层表面，有的全部或部分嵌入磷脂双分子层中，有的贯穿于整个磷脂双分子层。这里体现了膜结构内外的不对称性。另外，大多数膜蛋白分子是功能蛋白。

（3）大多数蛋白质分子和磷脂分子能够以进行横向扩散的形式运动，体现了膜具有一定的流动性。

（4）在质膜的外表有一层由质膜上的蛋白质与糖类结合形成的糖蛋白，叫作糖被。它在细胞生命活动中具有重要的功能。例如，消化道和呼吸道上皮细胞表面的糖蛋白具有保护和润滑的作用；糖被与细胞表面的识别有密切的关系，好比细胞与细胞之间或者细胞与其他大分子之间互相联络用的文字或语言。除糖蛋白外，质膜表面还有糖类和脂质分子结合成的糖脂。在动物细胞和少数植物细胞的质膜上还存在胆固醇，含量一般不超过膜脂的1/3，能提高脂双层的力学稳定性，调节脂双层的流动性，降低水溶性物质的通透性。胆固醇分子经常发生翻转活动，在两个脂质单层之间快速地进行再分布，因此质膜内外均有分布。生物膜的结构模型如图3.8所示。

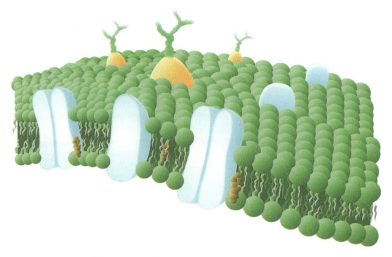

微件　生物膜的结构模型 | 图3.8

总之，流动镶嵌模型（图3.9）强调了膜结构的流动性和不对称性，对质膜的结构和功能做出了较为科学的解释，不仅被广泛接受，也得到了许多实验的支持。

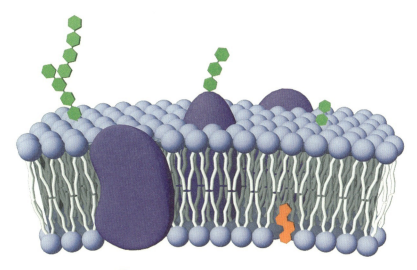

AR 流动镶嵌模型｜图 3.9

3.1.3 质膜的功能

作为系统的边界，质膜在细胞的生命活动中具有重大作用。

1. 将细胞与其生活环境分开

人们普遍认为生命起源于原始海洋，原始海洋中的有机物逐渐聚集并且相互作用，演化出原始的生命。膜的出现是生命起源过程中至关重要的阶段，它将生物物质与外界环境隔开，产生了原始的细胞，并成为相对独立的系统。质膜保障了细胞内部环境的相对稳定。

2. 控制细胞与外界进行物质交换

质膜像海关或边防检查站，对进出细胞的物质进行严格"检查"。细胞需要的营养物质可以从外界进入细胞；细胞不需要或者对细胞有害的物质不容易进入细胞。抗体、激素等物质在细胞内合成后分泌到细胞外，细胞产生的废物也要排到细胞外，但是细胞内的核酸等重要成分却不会流失到细胞外。当然，质膜的控制作用是相对的，环境中一些对细胞有害的物质有可能进入；有些病毒、病菌也能侵入细胞，使生物体患病。

3. 参与细胞间的信息交流

多细胞生物为适应内外环境变化而完成一系列生命活动，都需要许多细胞相互协调和配合。这些相互联系的细胞要保持功能的协调，不仅需要物质和能量的交换，还依赖于细胞间的信息交流。细胞间信息交流的方式多种多样，如图3.10所示。

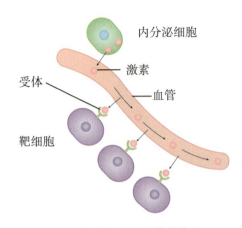

(a) 细胞间远距离传递信息

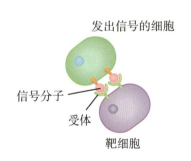

(b) 相邻细胞间传递信息

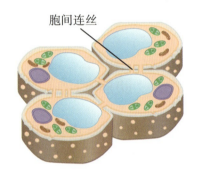

(c) 胞间连丝传递信息

细胞间的信息传递 | 图 3.10

　　细胞分泌的化学物质（如激素）释放到血液中，随血液循环运送到全身各处，与靶细胞质膜上的受体结合，将信息传递给靶细胞［图3.10（a）］。这种可以在细胞间传递信息的物质叫作"信号分子"。质膜上有多种受体，可以接收不同的信息。受体的本质是蛋白质或糖蛋白，具有特异性，一种受体只能特异识别一种或一类信号分子。

　　相邻两个细胞的质膜直接接触，信息通过质膜上的信号分子传递给靶细胞［图3.10（b）］。例如，精子与卵细胞的识别与结合。

　　相邻两个细胞之间形成通道，使细胞质相互沟通，通过交换信号分子实现细胞间的信息交流［图3.10（c）］。例如，高等植物细胞之间通过胞间连丝传递信息。

　　植物细胞的质膜外还有一层细胞壁（图3.11），它的化学成分主要是纤维素和果胶。细胞壁是一个全透性的结构，对植物细胞有支持和保护作用。

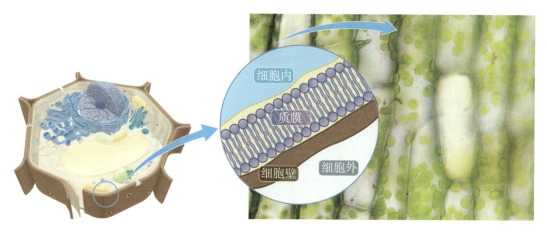

细胞壁 | 图 3.11

拓 展

磷脂

在脂双层中，磷脂可以做侧向运动、翻转、自旋和摆尾运动（图3.12），其中最常见的是侧向运动。

人体所有细胞中都含有磷脂，它是维持生命活动的基础物质。磷脂对活化细胞、维持新陈代谢和激素均衡分泌、增强人体免疫力和再生力等都有重要作用。磷脂的生理功能包括：可作为抗癌药物和缓释药物的载体；可降低胆固醇、调节血脂；可健脑、增强记忆力；可延缓衰老等。

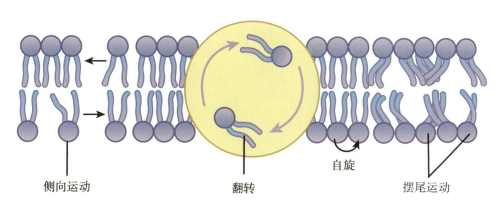

生物膜中脂质的运动 | 图 3.12

习题 Exercises

1. 组成质膜的主要成分是（　　）。
   A. 磷脂、蛋白质
   B. 糖脂、糖蛋白
   C. 脂质、蛋白质、无机盐
   D. 磷脂、蛋白质、核酸

2. 质膜功能的复杂程度主要取决于膜上（　　）。
   A. 脂质的含量
   B. 蛋白质的种类和数量
   C. 糖的种类
   D. 糖类的含量

3. 质膜的结构特点是（　　）。
   A. 只有构成质膜的磷脂分子才可以运动
   B. 只有构成质膜的蛋白质分子才可以运动
   C. 构成质膜的磷脂分子和蛋白质分子都是静止的
   D. 构成质膜的磷脂分子和蛋白质分子大都可以运动

3.2 细胞质

在真核细胞中，我们把质膜以内、细胞核以外的细胞结构称为细胞质（cytoplasm）。在细胞质中，有许多忙碌不停的"部门"，这些"部门"都有一定的结构，如线粒体、叶绿体、内质网、高尔基体、溶酶体、核糖体等，它们统称为细胞器（organelle）。细胞器以外的胶状物质占据着质膜以内、细胞核以外的空间，称为细胞质基质（cytoplasmic matrix）。细胞质基质含有水、无机盐、蛋白质、脂质、糖类、氨基酸、核苷酸等物质。

研究细胞内各种细胞器的组成成分和功能，需要将这些细胞器分离出来。常用的方法是差速离心法（图3.13），它是指根据细胞中不同组分在质量和密度上的差别来分离细胞各种组分的常用技术。将装有细胞匀浆的离心管用高速离心机在不同转速下进行离心，就能将匀浆中的各种细胞器分离。

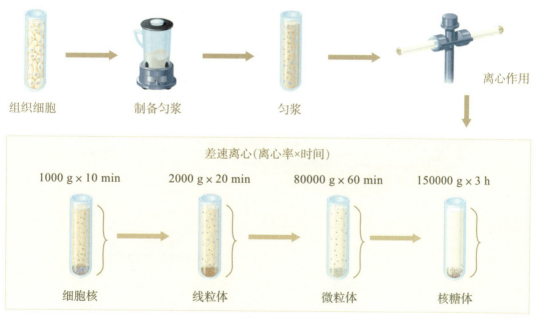

分离细胞器的方法 | 图 3.13

3.2.1 细胞器

各种细胞器的形态、结构不同，在功能上也各有分工（图3.14，图3.15）。

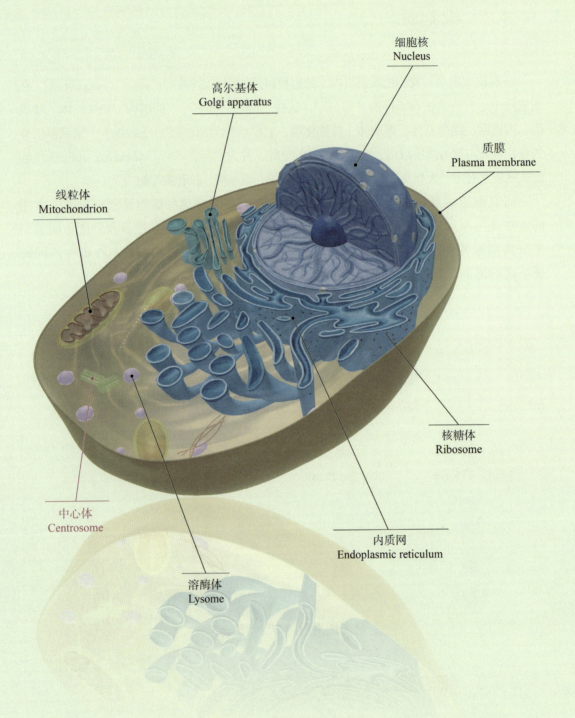

AR 动物细胞 | 图 3.14

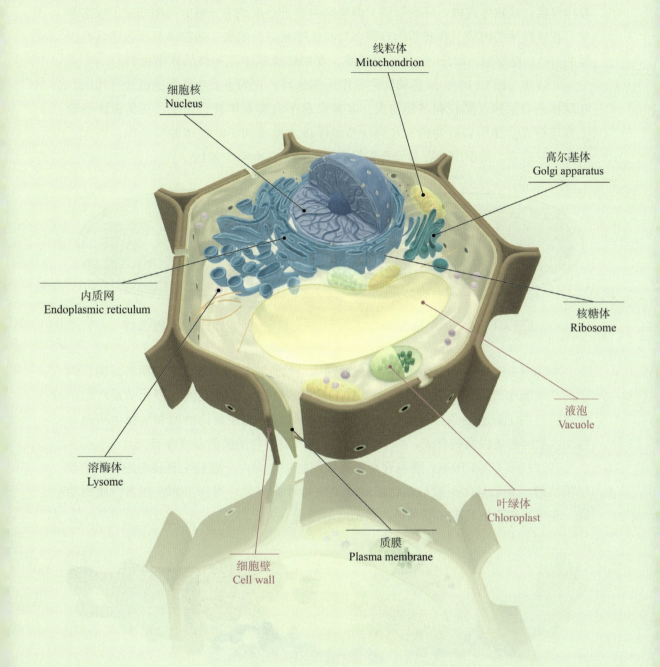

AR 植物细胞 | 图 3.15

线粒体（图3.16）：普遍存在于真核细胞中，是进行有氧呼吸和形成ATP（一种高能化合物，为生命活动提供能量）的主要场所。细胞生命活动所需的能量约95%由线粒体提供。线粒体有内、外两层膜，内膜向内腔折叠形成嵴，嵴的周围充满了液态基质。在线粒体的内膜上和基质中有许多与有氧呼吸有关的酶。线粒体基质内还含有少量的DNA。健那绿，即Janusgreen B染液，常用作线粒体专一性活体染色剂。

叶绿体（图3.17）：绿色植物中重要的细胞器，它的主要功能是进行光合作用。叶绿体由双层膜、基粒和基质构成。基粒由扁平的类囊体叠合而成，在类囊体薄膜上有进行光合作用必需的色素和酶。类囊体极大地增加了叶绿体的膜面积，增大了光合反应速率。基质中含有与光合作用有关的酶，还含有少量DNA。

AR　线粒体｜图 3.16

AR　叶绿体｜图 3.17

内质网（图3.18）：由单层膜构成的网状结构，广泛地分布在细胞质基质内。内质网是细胞中表面积最大的细胞器，膜上附着多种酶，为细胞内各种化学反应的正常进行提供了有利的条件。根据是否附着核糖体而分为粗面内质网和滑面内质网，粗面内质网与蛋白质的合成、加工有关，滑面内质网与脂质的合成等有关。

高尔基体（图3.19）：普遍存在于真核细胞中，为由一些扁平囊和小泡构成的单层膜结构。高尔基体一般与动物细胞分泌物的形成有关，有加工和转运蛋白质的功能。在植物细胞中，高尔基体还与细胞壁的形成有关。

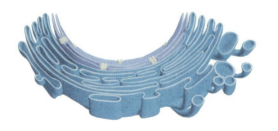

AR　内质网｜图 3.18

AR　高尔基体｜图 3.19

液泡：主要存在于植物细胞中，是由单层膜包围而成的结构。在成熟的植物细胞中，液泡可占据整个细胞体积的90%。液泡中的液体称为细胞液，其中包含糖类、无机盐、色素和氨基酸等物质。它能调节细胞的渗透压，使细胞保持一定的形态。

溶酶体（图3.20）：内部含有多种水解酶，能分解衰老、损伤的细胞器，吞噬并杀死侵入细胞的病毒或病菌。在溶酶体的水解产物中，对细胞有用的物质可被细胞利用，废物则被排出细胞。

中心体（图3.21）：存在于动物和某些低等植物的细胞中，由两个互相垂直排列的中心粒及周围物质组成，与细胞的有丝分裂有关。

AR 溶酶体｜图3.20

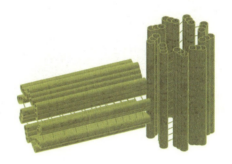

AR 中心体｜图3.21

核糖体：由RNA和蛋白质构成的微小颗粒，是合成蛋白质的场所。核糖体是原核细胞中唯一存在的细胞器。在真核细胞中，核糖体又可分为附着核糖体和游离核糖体。附着核糖体附着在粗面内质网上，主要合成细胞的膜蛋白和分泌蛋白（在细胞内合成后分泌到细胞外起作用的蛋白质叫作分泌蛋白，如消化酶、抗体和一部分激素）。游离核糖体是游离在细胞质中的，主要合成胞内蛋白（在细胞内合成并作用于细胞内的蛋白质叫作胞内蛋白，如血红蛋白、与有氧呼吸有关的酶等）。

真核细胞中有维持细胞形态、保持细胞内部结构有序性的细胞骨架（cytoskeleton）（图3.22）。它是由蛋白质纤维组成的网架结构，与细胞运动、分裂、分化以及物质运输、能量转换、信息传递等生命活动密切相关。就像骨骼给人体提供一个框架一样，细胞骨架给细胞内部提供一个框架，决定着细胞的形状。

细胞质中除细胞器以外的液体部分称为细胞质基质（cytosol），细胞骨架就位于其中。细胞质基质中含有细胞25%~50%的蛋白质，还含有多种酶，是多种代谢活动的反应场所。

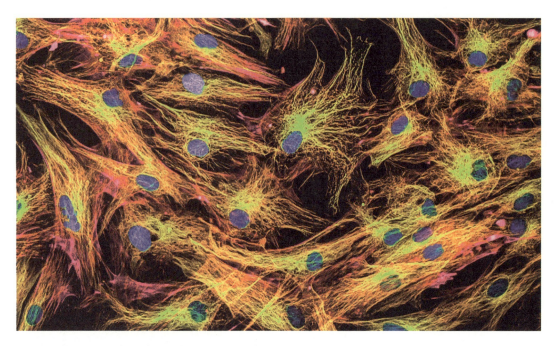

细胞骨架 | 图 3.22

3.2.2 细胞器的协调合作

细胞器的结构和功能各不相同,每个细胞器既执行各自的功能,又相互协调合作。分泌蛋白的合成与分泌很好地体现了这一点。

资料:

科学家在研究分泌蛋白的合成和分泌时,做过这样一个实验。他们在鼠胰腺泡细胞中注射 ^{3}H 标记的亮氨酸,3 min 后被标记的亮氨酸出现在附着有核糖体的内质网中,17 min 后出现在高尔基体中,117 min 后出现在靠近质膜内侧的小泡中,随后出现在细胞外的分泌物中。

分泌蛋白的合成过程大致是:作为合成原料的氨基酸在游离的核糖体中经过脱水缩合,开始进行多肽链的合成。当合成一段肽链后,这段肽链会与核糖体一起转移到粗面内质网上继续合成加工,并逐渐形成具有一定空间结构的蛋白质。内质网膜通过出芽的形式形成囊泡,包裹着蛋白质离开内质网,到达高尔基体并与高尔基体膜融合，囊泡膜成为高尔基体膜的一部分，来自内质网的蛋白质在高尔基体中进一步地加工，然后高尔基体形成包裹着蛋白质的囊泡，该囊泡移动到质膜并与之融合，最后将蛋白质释放到细胞外。具体如图3.23所示。细胞在分泌蛋白的合成、加工、运输和分泌过程中消耗的能量主要由线粒体提供。

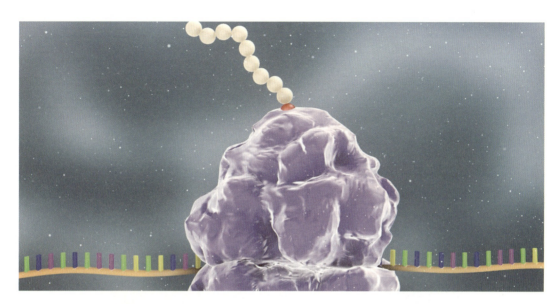

视频　同位素示踪分泌蛋白的合成和运输 | 图 3.23

3.2.3　生物膜系统

在真核细胞中，内质网、高尔基体、线粒体等都是由膜围绕而成的细胞器。这些细胞器膜与核膜、质膜等膜结构在组成成分和结构上相似，共同构成了细胞的生物膜系统（biomembrane system）。

研究发现，这些生物膜的组成成分主要为蛋白质、脂质和少量的糖类，只是在不同的生物膜中，这三种物质的含量有所区别。几种生物膜的化学组成如表3.1所示。

生物膜间既存在直接联系，又存在间接联系。例如，内质网膜外与质膜相连，内质网膜内与核膜的外膜相通，将细胞中的各种结构连成一个整体，具有承担细胞内物质运输的作用，即提供细胞内物质运输的通道。另外，内质网膜、高尔基体膜、质膜之间还可以通过膜泡间接建立结构上的联系并实现物质的转运。

几种生物膜的化学组成 | 表 3.1

生物膜	蛋白质（质量分数%）	脂质（质量分数%）	糖类（质量分数%）
神经髓鞘质膜	18	79	3
人的红细胞质膜	49	43	8
小鼠肝细胞质膜	44	52	4
内质网膜	67	33	含量很少
线粒体外膜	52	48	含量很少
线粒体内膜	76	24	含量很少

生物膜系统（图3.24）使细胞内具有一个相对稳定的环境，并使细胞与周围环境进行物质运输、能量转化和信息交流；广阔的生物膜系统增加了细胞内酶的附着面积，有利于细胞内代谢活动的顺利进行；生物膜将各种细胞器分隔开，使细胞内的生化反应秩序化，从而保证生命活动可以高效有序地进行。

生物膜系统 | 图 3.24

拓 展

细胞骨架

微丝（microfilamemt）（图3.25）是组成细胞骨架的一种蛋白质纤维，在细胞中除了起支持作用外，在细胞的运动中也起作用，例如肌肉细胞的运动就与微丝有关。在植物如黑藻和某些大型绿藻细胞中很容易观察到叶绿体在细胞质中的循环流动（图3.26），这种现象称为胞质环流（cytoplasmic streaming）。胞质环流的原因就在于细胞骨架的运动。细胞骨架中的另一种结构组分是微管（microtubule）（图3.27），与微丝相比，微管较长也较粗，在有些细胞中微管从靠近核的细胞中央一直延伸到质膜处，有助于某些细胞器在细胞内的移动，例如有些囊泡和线粒体就沿着微管移动而不是在细胞质内漂移。

微丝｜图 3.25

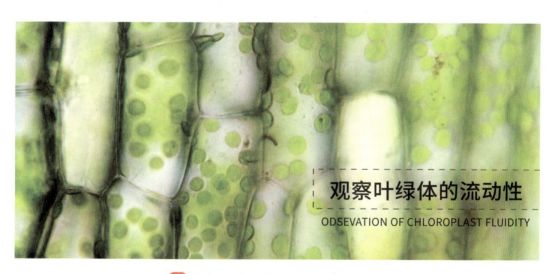

视频　叶绿体的流动性｜图 3.26

微管｜图 3.27

习题 Exercises

1. 下列结构中，通过捕获光能来合成碳水化合物的是（　　）。

A.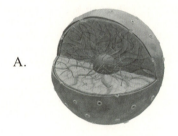

B.

C.

D.

2. 淀粉酶是人体内重要的消化酶，唾液腺细胞内合成淀粉酶的场所是（　　）。

A. 溶酶体　　　　　　　　B. 核糖体
C. 核膜　　　　　　　　　D. 细胞质基质

3. 在下列结构中，其成分不含磷脂分子的一组细胞器是（　　）。

① 线粒体　　② 核糖体　　③ 叶绿体　　④ 细胞核
⑤ 内质网　　⑥ 中心体　　⑦ 高尔基体

A. ①③　　　B. ④⑤　　　C. ⑤⑦　　　D. ②⑥

3.3 细胞核

一个大型工厂要有一个控制中心,才能指挥、调度各个部门高效运转。结构复杂、功能多样的细胞也有控制中心——细胞核(nucleus)。

3.3.1 细胞核的功能

除哺乳动物成熟的红细胞和高等植物成熟的筛管细胞等极少数细胞没有细胞核外,真核细胞都有细胞核,甚至有的细胞有多个细胞核,如骨骼肌细胞。细胞核在细胞生命活动中起着十分重要的作用。

资料:

伞藻是一种大型的单细胞海藻,分布在热带和亚热带海洋中,高5~9 cm。伞藻由"帽""柄""假根"三部分构成,细胞核位于假根部位。科学家用"帽"呈伞形的地中海伞藻和"帽"呈菊花形的细圆齿伞藻做了嫁接和核移植实验。

伞藻嫁接实验:去掉伞藻原本的"帽",将两种伞藻的柄交换嫁接,发现新长出"帽"的形状与假根一致(图3.28)。

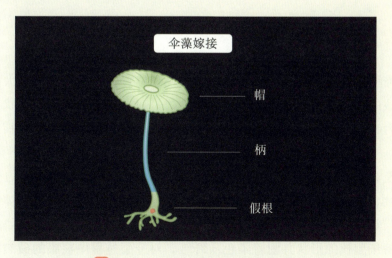

视频 伞藻嫁接实验 | 图3.28

伞藻核移植实验：去掉伞藻原本的"帽"，交换两者的细胞核，发现新长出的"帽"的形状与移植的细胞核相对应（图3.29）。

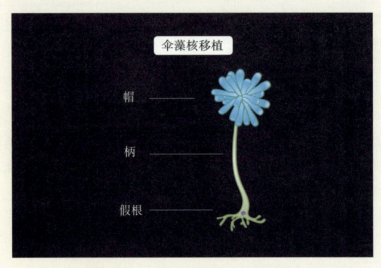

视频 伞藻核移植实验 | 图 3.29

研究表明，细胞核控制着细胞的代谢和遗传。细胞核功能的执行与它的结构密切相关。

3.3.2 细胞核的结构

不同类型的细胞，其细胞核的形态、大小和位置各不相同。对于大多数细胞来说，细胞核的形态通常呈球形或椭球形，少数呈扁平形或不规则的形状。细胞核的直径一般为10~15 μm。细胞核的结构主要包括核膜、核仁、染色质和核基质等（图3.30）。

核膜是位于真核细胞核质交界处的双层结构膜，对核内外物质的交换运输有高度选择性，并承载着信息传输的作用。核膜外层的外表面附有核糖体颗粒，有些细胞中还与粗面内质网膜相连接。核膜内层的内表面上有一层由多肽物质组成的网架，可保持细胞核的形状并附着染色质纤维，对分裂过程中核膜的破裂和重建有一定的作用。核膜并不是完全连续的，有许多部位内外膜互相连接，形成穿过核膜的核孔，它是细胞核和细胞质之间大分子物质交换的通道，如信使RNA可以通过核孔进入细胞质中。核孔的数目会因细胞种类及代谢状况的不同而有所差别。

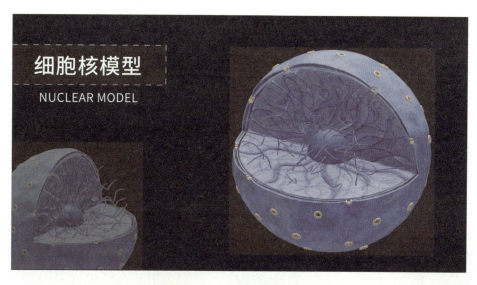

AR 细胞核 | 图 3.30

核仁是细胞核中球形或椭球形的颗粒状结构，没有膜包围。因为核糖体中的RNA来自核仁，所以在蛋白质合成旺盛的细胞中常有较大的核仁。在细胞有丝分裂的过程中，核仁周期性地消失和重现。

染色质是指细胞核内易被碱性染料染成深色的物质，呈细长的丝状，由DNA和蛋白质组成。细胞分裂时，染色质高度凝聚并螺旋化，形成光学显微镜下可见的染色体（chromosome）。染色质和染色体组成成分虽然相同，但它们是在细胞不同时期的两种表现形态。

核基质是核中除染色质与核仁以外的成分，包括核液与核骨架两部分。核液含水、离子、酶等成分，核骨架是由多种蛋白质形成的三维纤维网架，并与核膜相连，对核的结构具有支持作用。

> 拓 展

细胞核是细胞遗传和细胞代谢活动的控制中心

遗传物质能经复制后传给后代，同时还能将其控制的生物性状特征表现出来。因为这些遗传物质绝大部分存在于细胞核中，所以细胞核是细胞遗传和细胞代谢活动的控制中心。例如，英国克隆羊"多莉"（图3.31）的产生，就是首先将一只母羊卵细胞的细胞核除去，然后在这个去核的卵细胞中移植进另一只母羊乳腺细胞的细胞核，最后由这个重组卵细胞发育而成。"多莉"的大部分遗传性状与提供细胞核的母羊一样。这一实例充分说明了细胞核在控制细胞遗传和细胞代谢活动方面的重要作用。

克隆羊"多莉" | 图 3.31

习题 Exercises

1. 下列结构中含有遗传物质的是（　　）。
A. 核膜　　　　B. 核孔　　　　C. 染色质　　　　D. 核仁

2. 下列关于某种生物细胞核的叙述，正确的是（　　）。
A. 核孔是大分子物质进出细胞核的通道，不具有选择性
B. 若有中心体，则说明该生物为动物或高等植物
C. 大肠杆菌只含染色质，不会螺旋化为染色体
D. 核仁与核糖体的形成有关

3. 细胞核由核膜、染色质、核仁、核孔组成，下列有关叙述中不正确的是（　　）。
A. 核膜是双层膜，把核内物质与细胞质分开
B. 染色质是遗传物质DNA的主要载体
C. 核仁与某种RNA的合成以及核糖体的形成有关
D. 核孔实现了细胞间的信息交流

章末总结

知识图谱
Knowledge Graph

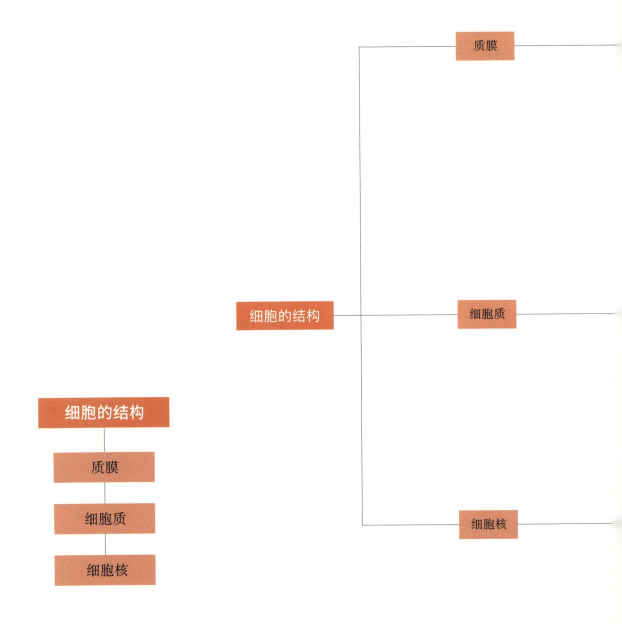

成分	脂质		磷脂是质膜的重要组成成分
	蛋白质		膜功能的主要承担者
	糖类		与膜蛋白或膜脂结合成糖蛋白或糖脂
结构	磷脂双分子层		
功能	将细胞与其生活环境分开		
	控制细胞与外界进行物质交换		
	参与细胞间的信息交流		

分离细胞器：差速离心法

细胞器	双层膜	线粒体	有氧呼吸的主要场所
		叶绿体	光合作用的场所
	单层膜	内质网	增大膜面积、蛋白质的合成与加工及脂质合成场所
		高尔基体	对蛋白质进行加工和转运
		液泡	调节植物细胞内的环境，使细胞保持一定的形态
		溶酶体	含有多种水解酶，可分解衰老、损伤的细胞器和吞噬入侵的病原体
	无膜	中心体	与细胞的有丝分裂有关
		核糖体	合成蛋白质的场所

生物膜系统

功能：细胞核控制着细胞的代谢和遗传

结构	核膜和核孔	核膜将核内物质与细胞质分开；核孔实现核质之间的物质交换和信息交流
	核仁	与某种RNA的合成及核糖体的形成有关
	染色质	由DNA和蛋白质组成

迁移应用 Migrating Applications

1. 下列属于细胞生物膜重要成分的是（　　）。
   A. 糖类　　　　B. 油脂　　　　C. 磷脂　　　　D. 核酸

2. 下列细胞器中，均只含单层膜结构的一组是（　　）。
   A. 线粒体和叶绿体　　　　　　B. 内质网和高尔基体
   C. 中心体和溶酶体　　　　　　D. 液泡和核糖体

3. 下列场所一定不能合成酶的是（　　）。
   A. 细胞核　　　B. 溶酶体　　　C. 叶绿体　　　D. 线粒体

4. 下列关于细胞器的结构和功能的说法，正确的是（　　）。

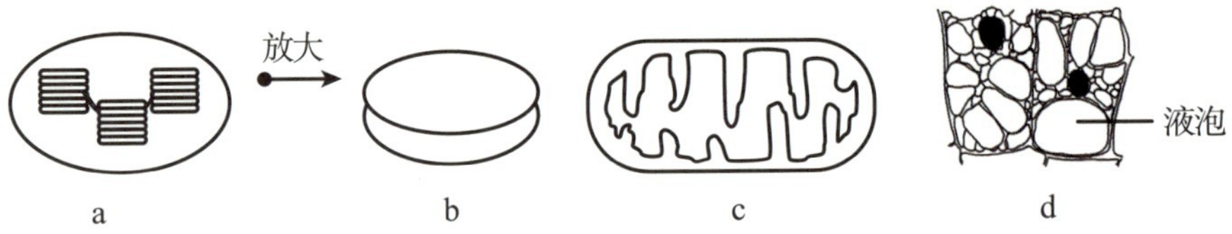

题4图

   A. 四种结构中均有生物膜　　　　B. 蓝细菌利用 a 进行光合作用
   C. 分泌蛋白的形成需要 b、c 参与　　D. 只有 d 结构中含有色素

5. 利用光学显微镜不能观察到的现象是（　　）。
   A. 苏丹Ⅲ染色后花生子叶细胞中有橘黄色颗粒
   B. 健那绿处理后的口腔上皮细胞中有蓝绿色线粒体
   C. 黑藻叶肉细胞中的叶绿体具有内、外双层膜
   D. 龙胆紫染色后根尖分生区细胞中有染色体

6. 细胞核中与核糖体形成有关的结构是（　　）。
   A. 核膜　　　　B. 染色质　　　C. 核仁　　　　D. 核基质

7. 细胞核中行使遗传功能的结构是（　　）。
A. 核膜　　　　　B. 核基质　　　　　C. 核仁　　　　　D. 染色质

8. 科学家在进行细胞膜化学成分分析时，采用哺乳动物或人的红细胞作为实验材料。将其特殊处理使细胞破裂发生溶血现象，一些物质溶出，再将溶出细胞外的物质洗掉，即可得到纯净的质膜（又称血影）。有的科学家将"血影"中的脂质提取出来，使其在空气和水界面上铺展成单分子层，所形成的薄膜面积是原来细胞整个表面积的 2 倍。

（1）如何处理红细胞才能使其发生溶血现象？_____。

（2）红细胞溶血后，溶出细胞外的主要有机物应该是_____。

（3）"血影"的化学组成是_____、_____、_____。其中的基本骨架是指_____。

（4）使用下列哪种物质进行处理会使该红细胞失去信息交流功能？（　　）。
A. 核酸酶　　　　B. 健那绿　　　　　C. 糖水解酶　　　　D. 生理盐水

9. 下图是细胞的亚显微结构图，请据图回答下列问题：

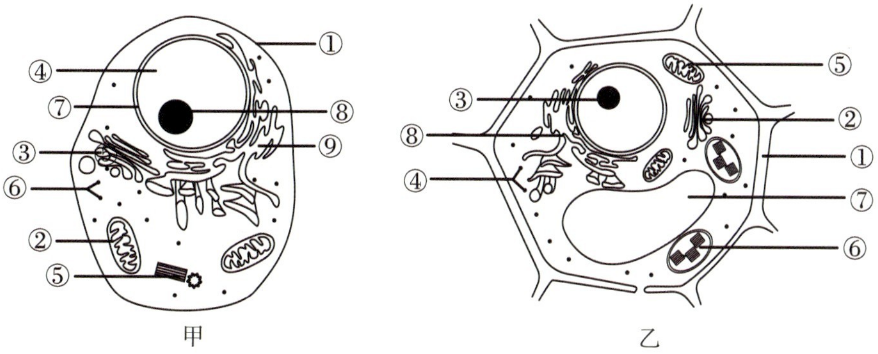

题9图

（1）图甲中③的功能是对蛋白质进行_____、_____和_____；⑥是细胞内合成_____的场所；⑤与细胞进行_____有关。图甲可否表示低等植物细胞？为什么？_____。

（2）图乙属于_____（填"植物"或"动物"）细胞，判断的依据是_____、_____、_____。图乙中②的名称是_____，它与_____

_____的形成有关。

（3）如果图乙表示植物根尖分生区细胞，那么不应有的结构是_____和_____。

10. 不同细胞分泌物质的方式有差异。分泌物形成后，如果随即被排出细胞，这种方式称为连续分泌；如果先在分泌颗粒中贮存一段时间，待有相关"信号"刺激影响时再分泌到细胞外，称为不连续分泌。下图表示几种分泌蛋白合成和分泌的途径，请据图回答下列问题：

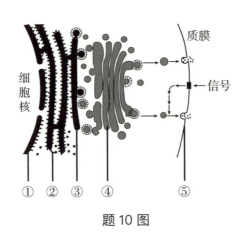

题10图

（1）在细胞与环境之间进行物质运输、能量交换和信息传递的过程中，起决定作用的生物膜是_____。

（2）氨基酸脱水缩合形成肽链的场所是_____，对分泌蛋白进行加工的结构有_____。

（3）用 ^3H 标记的亮氨酸注射到胰腺细胞中进行追踪实验研究，可以发现分泌蛋白是按照_____（用序号和箭头填空）方向运输的，这体现了细胞内各种生物膜在功能上是_____。

第 4 章　细胞的物质交换

细胞要维持生命活动，就必须和周围环境进行物质交换。生物体从外界摄取的营养物质在进入体内后会转变成自身分子，或生命活动所需的物质、能量等。有些物质在经历一系列化学变化后会形成某些代谢产物或废物而排出细胞外。细胞的这些物质交换需依赖物质的跨膜运输，科学家在对其进行研究时曾产生过诸多疑问，这些疑问最终在深入探索生物膜结构和功能的过程中被一一解开。

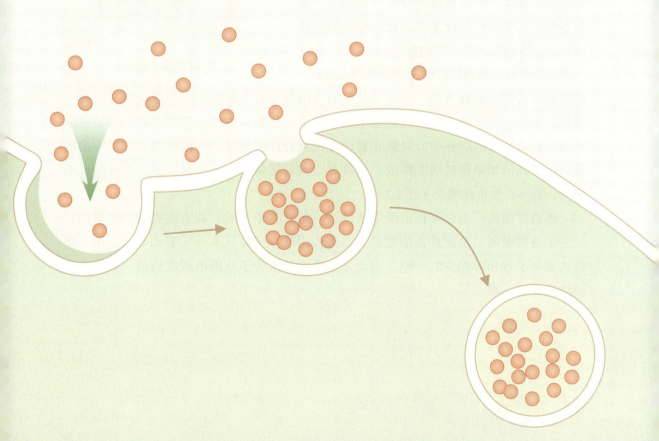

4.1 物质跨膜运输的实例

细胞要维持正常的生命活动，必须从周围环境中获得氧气和营养元素等物质，同时排出各种代谢废物。水是活细胞中含量最多的化合物，细胞的生命活动离不开水的参与，那么水是如何进出细胞的呢？

4.1.1 扩散和渗透

分子都在不停地做无规则的运动，溶于液体中的溶质分子和离子也在做随机运动。把一些糖放入一杯水中，无需搅拌，几小时后，整杯水都会变甜。这就是糖分子在水中不断运动的结果，这种现象称为扩散（diffusion）（图4.1）。扩散是分子或离子从高浓度处向低浓度处运动的现象。扩散使得该分子分布均匀，直到平衡，这个过程比较缓慢。此后分子仍在继续运动，维持着动态平衡的状态。

扩散现象 | 图 4.1

水分子通过膜的扩散称为渗透（osmosis）。扩散和渗透都是物理现象。在一个长颈漏斗的漏斗口外密封上一层玻璃纸（一种半透膜，水分子可以透过它，蔗糖分子则不能），往漏斗内注入蔗糖溶液，然后将漏斗浸入盛有清水的烧杯中，使漏斗管内外的液面高度相等。一段时间后，漏斗内的液面会升高。如果把玻璃纸换成一层纱布，或者把烧杯中的清水换成高浓度的蔗糖溶液，则不会发生此现象（图4.2）。

渗透作用的产生必须具备两个条件：一是具有半透膜，如上面提到的玻璃纸；二是半透膜两侧的溶液具备浓度差。渗透作用的方向是从水分子数相对较多的一侧进入水分子数相对较少的一侧，也就是溶液中的水分子从溶液浓度低的一侧进入溶液浓度高的一侧。

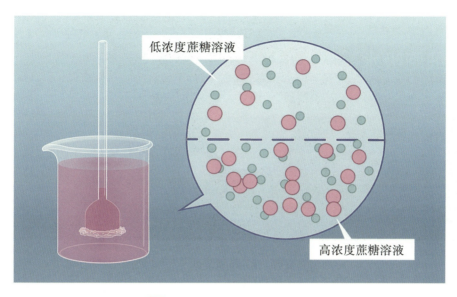

微件　渗透作用 | 图 4.2

4.1.2　细胞的吸水和失水

对于动物细胞的吸水和失水，以哺乳动物成熟的红细胞为例（图4.3），当外界溶液的浓度比细胞质的浓度低时，细胞吸水膨胀甚至破裂（图4.4）；当外界溶液的浓度与细胞质的浓度相等时，水分进出细胞处于动态平衡，细胞维持原形态；当外界溶液浓度比细胞质的浓度高时，细胞失水皱缩（图4.5）。

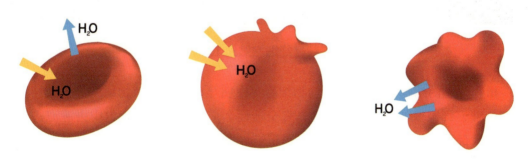

水分子进出哺乳动物红细胞的状况 | 图 4.3

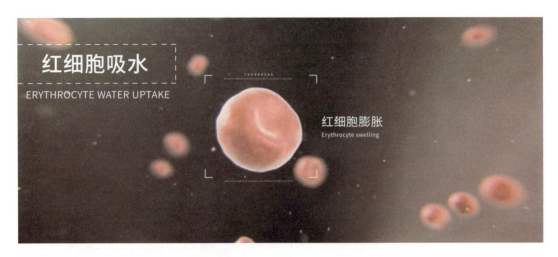

视频　红细胞吸水 | 图 4.4

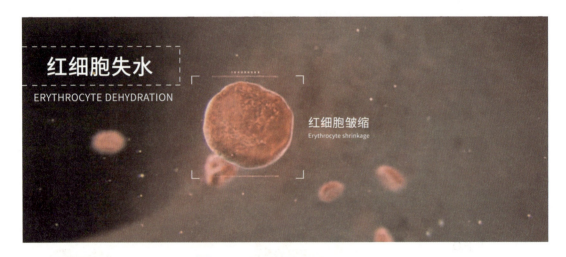

视频　红细胞皱缩 | 图 4.5

植物细胞的结构（图4.6）与动物细胞存在明显的区别。植物细胞的质膜外侧具有细胞壁，细胞壁伸缩性较小，且具有全透性。成熟的植物细胞内中央液泡占据了细胞的大部分空间，将细胞质挤成一薄层，因此细胞内的液体环境主要指的是液泡里面的细胞液。质膜和液泡膜以及两层膜之间的细胞质称为原生质层。

原生质层与植物细胞的吸水和失水密切相关。在低倍镜下观察洋葱鳞片叶外表皮的临时装片，可看到紫色的中央大液泡，原生质层紧贴细胞壁；用吸水纸引流法将装片中的洋葱鳞片叶外表皮浸润在质量浓度为0.3 g/mL的蔗糖溶液中，再用低倍显微镜观察,可发现中央液泡逐渐变小,原生质层与细胞壁分离;再用吸水纸引流法将洋葱鳞片叶外表皮浸润在清水中,低倍镜下可观察到中央液泡又逐渐变大,原生质层逐渐贴紧细胞壁,具体如图4.7所示。

AR　植物细胞的结构 | 图 4.6

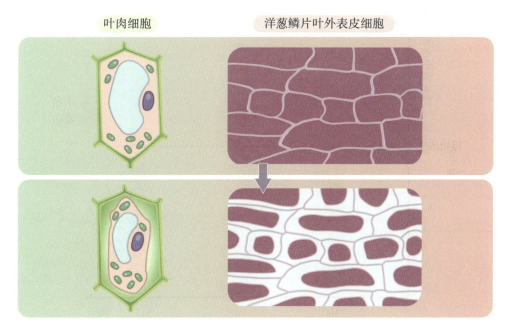

微件　植物细胞的质壁分离 | 图 4.7

可见,植物细胞的原生质层相当于一层半透膜。当细胞液的浓度小于外界溶液的浓度时,细胞液中的水分就透过原生质层进入外界溶液中,使细胞壁和原生质层都出现一定程度的收缩。由于原生质层比细胞壁的伸缩性大，当细胞不断失水时，原生质层就会与细胞壁逐渐分离开，即逐渐发生了质壁分离（plasmolysis），"质"指的是原生质层，"壁"指的是细胞壁。当细胞液的浓度大于外界溶液的浓度时，外界溶液中的水分就会透过原生质层进入细胞液中，整个原生质层就会慢慢地恢复成原来的状态，使植物细胞逐渐发生质壁分离的复原。

细胞的吸水与失水是水分子顺相对含量的梯度跨膜运输的过程。但物质跨膜运输并不都是顺相对含量梯度的。

人体甲状腺滤泡上皮细胞具有很强的摄取碘的能力，血液中碘的质量浓度为250 mg/L，而甲状腺滤泡上皮细胞内的碘浓度比血液高20~25倍。

将番茄和水稻分别放在含有Ca^{2+}、Mg^{2+}和Si^{4+}的培养液中，一段时间后，番茄培养液中的Ca^{2+}和Mg^{2+}浓度下降，水稻培养液中的Ca^{2+}和Mg^{2+}浓度增高。Si^{4+}的情况则刚好相反：水稻吸收大量的Si^{4+}，而番茄几乎不吸收Si^{4+}（图4.8）。

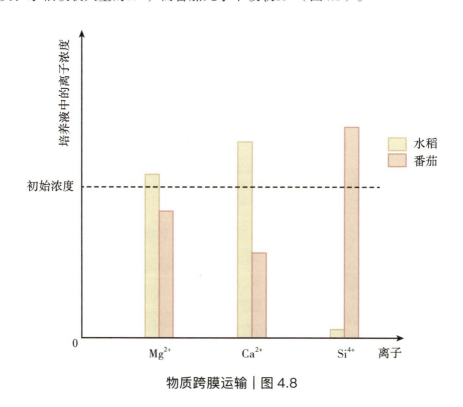

物质跨膜运输 | 图 4.8

从以上实例可以看出，细胞对于物质的输入和输出有选择性，生物膜具有选择透过性。细胞能主动地从环境中摄取所需要的营养物质，同时排出代谢产物和废物，使细胞的物质代谢保持动态平衡，这对维持细胞的生命活动是极为重要的。

拓 展

原生质

原生质指细胞内的生命物质，它可进一步划分为质膜、细胞质和细胞核等部分。可以说，一个动物细胞就是一团原生质，但一个植物细胞不是原生质，因为植物细胞的细胞壁不属于原生质。

原生质体指去掉植物的细胞壁后剩余的部分，它实际上就是植物细胞的原生质。植物细胞工程中可利用机械法、酶解法来分离获得原生质体。

植物原生质体具有以下特点：

01 吸收能力增强，易于摄取外来遗传物质、细胞器、细菌、病毒等，易于吸收氧气、养分；

02 具有全能性，具有全套的遗传物质及细胞壁再生能力，进行人工培养可分化发育成完整植株；

03 在一定条件下可诱导原生质体融合，形成杂种细胞。

原生质是动、植物细胞都具有的，而原生质层仅存在于成熟的植物细胞中。在成熟的植物细胞内，原生质层是由质膜、液泡膜以及两层膜之间的细胞质组成的。原生质层不包括细胞核和液泡内的细胞液。

习题 Exercises

1. 下列能发生质壁分离的一组细胞是（　　）。
① 食用的糖醋蒜细胞　② 蚕豆叶的表皮细胞　③ 植物的根毛细胞
④ 人的口腔上皮细胞　⑤ 用盐酸解离的洋葱根尖细胞　⑥ 根尖分生区细胞
A. ①⑤　　　　B. ②③⑥　　　　C. ①②③④⑤⑥　　　　D. ②③

2. 将家兔红细胞置于不同浓度的溶液中，水分子的跨膜运输如下图示意（箭头方向表示水分子的进出，箭头粗细表示水分子出入的多少），则下列叙述正确的是（　　）。

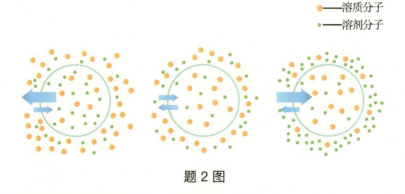

题 2 图

A. 一段时间后，甲细胞会发生质壁分离
B. 能发生渗透作用的是甲细胞和丙细胞
C. 光学显微镜下可观察到乙细胞中有水分子的进出
D. 若将甲、乙和丙细胞同时分别置于蒸馏水中，则甲细胞先破裂

3. 以紫色洋葱鳞片叶为材料进行细胞质壁分离和复原的实验，原生质层长度和细胞长度分别用 X 和 Y 表示（如图所示），在处理时间相同的前提下，（　　）。
A. 同一细胞用不同浓度的蔗糖溶液处理，X/Y 值越小，则紫色越浅
B. 同一细胞用不同浓度的蔗糖溶液处理，X/Y 值越大，则所用蔗糖溶液浓度越高

C. 不同细胞用相同浓度的蔗糖溶液处理，X/Y值越小，则越易复原

D. 不同细胞用相同浓度的蔗糖溶液处理，X/Y值越大，则细胞的正常细胞液浓度越高

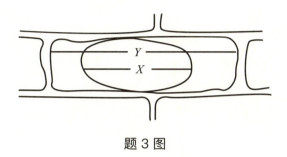

题 3 图

4. 将完全相同的两个植物细胞分别放置在甲、乙溶液中，对细胞失水量进行统计后绘制出如下曲线图，则下列叙述错误的是（　　）。

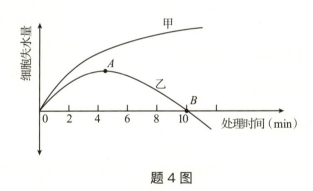

题 4 图

A. 甲溶液比乙溶液浓度高，导致植物细胞失水较多

B. 植物细胞在乙溶液中发生质壁分离和自动复原

C. 图中放入甲、乙溶液的细胞质壁分离后放入清水中有可能都复原

D. 若乙溶液的浓度稍增大，则曲线的变化可能为A点上升，B点左移

4.2 物质跨膜运输的方式

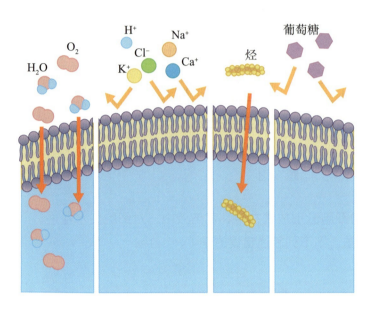

物质跨膜运输的方式 | 图 4.9

大量证据表明，生物界中的许多生命活动都直接或间接地与物质的跨膜运输（图4.9）密切相关。例如，神经冲动的传导、细胞分化、感觉信息的接收和传导等重要过程。物质在进出细胞时会采用各种不同的方式，主要包括被动运输、主动运输、胞吞和胞吐。这些方式的跨膜运输有的会依赖膜上的特殊蛋白，甚至消耗细胞内的能源物质。

4.2.1 被动运输

物质跨过膜的扩散和渗透之所以能够发生，是因为膜两侧的物质存在浓度差，物质由浓度较高的一侧转运至浓度较低的一侧，称为被动运输（passive transport）。被动运输包括自由扩散和协助扩散。

一些气体分子（氧气、二氧化碳等）、脂溶性分子（如性激素等固醇类激素）以及水跨过膜的扩散称为自由扩散（simple transport）（图4.10）。影响自由扩散的主要因素有：① 质膜两侧的物质浓度梯度。浓度梯度大，物质顺浓度梯度扩散就多；浓度梯度消失，扩散就停止。② 质膜对该物质的通透性。由于质膜的结构是脂质双分子层，因此膜对脂溶性高的物质如氧气和二氧化碳通透性大，扩散容易；对脂溶性低和非脂溶性物质通透性小，扩散就难。

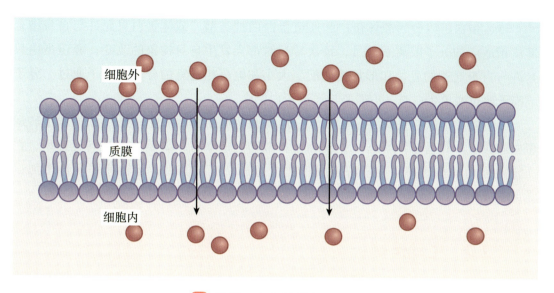

▶ 视频　自由扩散 | 图 4.10

细胞所需要的许多种小分子或离子在质膜外侧的浓度虽然常比细胞内的高，但由于它们不溶于质膜的脂双层中或者因体积太大不能直接穿过质膜，此时需借助于质膜中的转运蛋白（transport protein）将分子或离子转运到细胞内，这种转运方式是将物质从浓度高的一侧转运到浓度低的一侧，不需要消耗能量，称为协助扩散（facilitated diffusion）（图4.11），又叫作易化扩散，例如葡萄糖进入红细胞。

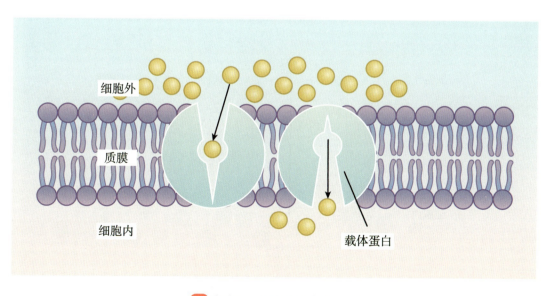

▶ 视频　协助扩散 | 图 4.11

转运蛋白可以分为载体蛋白和通道蛋白两种类型。载体蛋白只允许与自身结合部位相适应的分子或离子通过，每次转运时都会发生自身构象的改变；通道蛋白只允许与自身通道的直径和形状相适配、大小和电荷相适宜的分子或离子通过。分子或离子通过通道蛋白时，不需要与通道蛋白结合。

影响协助扩散的主要因素有两个：① 质膜两侧的物质浓度梯度；② 质膜上转运蛋白的数量。其运输特点是：① 比自由扩散转运速率高；② 存在最大转运速率，在一定限度内运输速率同物质浓度成正比，超过一定限度时，运输速率不再增加；③ 有特异性；④ 不需要细胞提供能量。

4.2.2 主动运输

物质的跨膜运输既有顺浓度梯度的，又有逆浓度梯度的。在正常生理条件下，神经细胞或肌肉细胞内的K^+浓度约为细胞外的30倍，细胞外的Na^+浓度约比细胞内的高13倍，但细胞仍不断地积累K^+和排出Na^+，这些物质能够逆浓度梯度进出细胞，不仅需要载体蛋白的协助，还需要直接或间接消耗细胞内的能量，这样的运输方式叫作**主动运输**（active transport）（图4.12）。主动运输具有明确的方向性和专一性，其特点是：① 逆浓度梯度运输；② 需要能量；③ 需要载体蛋白；④ 具有选择性和特异性。

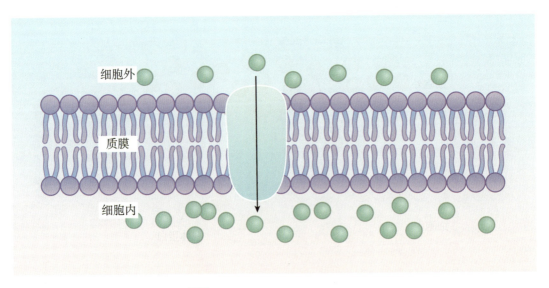

视频　主动运输 | 图 4.12

4.2.3 胞吞和胞吐

细胞内外大分子和颗粒物质通过脂双层膜包被的囊泡（膜泡）转运，过程涉及膜的融合和分离，故也称为膜泡运输。运输过程中不需要载体蛋白的协助，但需要消耗能量。根据转运方向可以分为胞吞作用和胞吐作用（图4.13）。

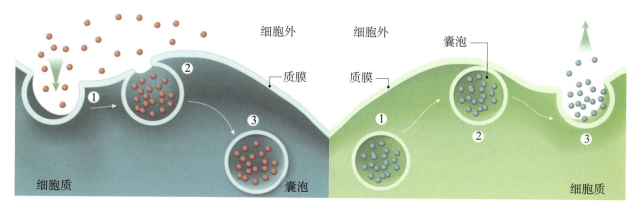

胞吞作用和胞吐作用 | 图 4.13

通过细胞膜内陷，将外界物质裹进形成囊泡，并进入细胞内部的过程叫作胞吞作用（endocytosis）。与胞吞作用相反，有些物质在质膜内被一层膜包围形成小囊泡。囊泡膜能与质膜融合在一起，小囊泡逐渐移到细胞表面，并且向细胞外张开，使内含物质排出细胞外，这种现象叫作胞吐作用（exocytosis）（图4.14），例如胰岛B细胞分泌胰岛素、浆细胞分泌抗体等。

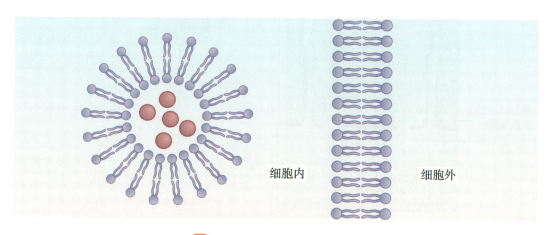

视频 胞吐作用 | 图 4.14

拓 展

协同运输

协同运输（cotransport）是一类靠间接提供能量完成的主动运输方式。物质跨膜运输所需要的能量来自膜两侧离子的电化学浓度梯度，而维持这种电化学势的是钠钾泵或质子泵。在动物细胞内，参与协同运输的离子常常是Na^+，如小肠上皮细胞和肾小管上皮细胞吸收葡萄糖（图4.15），就是伴随着Na^+从细胞外流入细胞内而完成的。小肠上皮细胞从肠腔中摄取葡萄糖时，虽然肠腔中的葡萄糖浓度很低，但仍能从肠腔中吸收葡萄糖。这是因为在小肠上皮细胞的肠腔面一侧分布着Na^+-葡萄糖转运体，其上有两个结合位点，可分别与肠腔中的Na^+和葡萄糖相结合。Na^+和葡萄糖与转运体结合后，转运体的构象发生改变，当Na^+顺浓度梯度进入细胞时，葡萄糖利用Na^+浓度梯度的势能被"拉进"细胞内。Na^+浓度梯度越大，葡萄糖进入细胞的速度越快；反之，当Na^+浓度梯度变小时，葡萄糖停止转运。葡萄糖逆浓度梯度进入细胞的驱动力是利用了Na^+浓度梯度所蕴含的势能，而这种势能的建立正是依靠小肠上皮细胞基底面的钠钾泵。

Na^+-K^+泵只存在于动物细胞的质膜上，每次泵周期从细胞内向细胞外泵出3个Na^+，从细胞外向细胞内泵入2个K^+，消耗1个ATP分子，从而使细胞内维持动态的"高K^+低Na^+"环境。

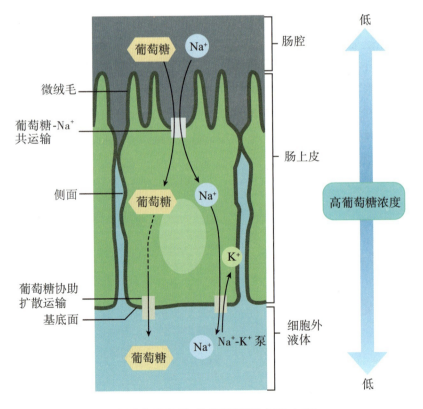

小肠上皮细胞吸收葡萄糖 | 图 4.15

胞吞作用的三种方式

根据入胞物质的大小及入胞机制的不同，胞吞作用分为吞噬作用、胞饮作用和受体介导的胞吞作用（图4.16）。

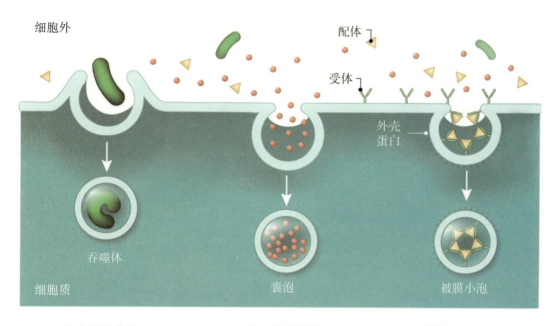

（a）吞噬作用　　（b）胞饮作用　　（c）受体介导的胞吞作用

胞吞的三种方式｜图 4.16

吞噬作用

吞噬作用（phagocytosis）是细胞摄取细菌、衰老死亡的细胞、细胞碎片、粉尘颗粒及大分子复合物的过程（图4.17）。被吞噬的物质与质膜表面接触，质膜向内凹陷而将其包裹成吞噬体或吞噬泡，最终被溶酶体酶降解。这种方式主要由吞噬细胞执行。

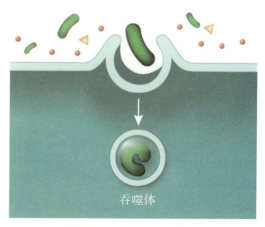

视频　吞噬作用｜图 4.17

胞饮作用

胞饮作用（pinocytosis）是细胞摄取液体或微小颗粒物质的过程（图4.18）。物质吸附在细胞表面，质膜逐渐内陷而将其包裹成胞饮体或胞饮泡，最终被溶酶体酶降解成小分子物质而被细胞利用。这种方式广泛存在于真核细胞中。

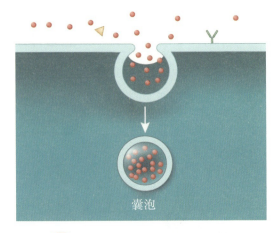

视频　胞饮作用｜图 4.18

受体介导的胞吞作用

受体介导的胞吞作用（receptor-mediated endocytosis）需要大分子物质与质膜上的受体蛋白结合，然后质膜凹陷形成内吞囊泡，最终与溶酶体融合使物质降解（图4.19）。这是细胞的一种选择性浓缩机制，它既可以保证摄入大量的特定大分子或颗粒，又可以避免吸入胞外大量的液体，与前两种方式相比，特殊大分子内化效率可增加1000多倍。

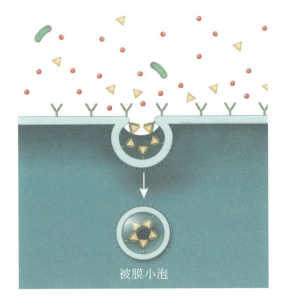

视频　受体介导的胞吞作用｜图 4.19

水通道蛋白

水通道由约翰霍普金斯大学医学院的美国科学家阿格雷（P. Agre，1949~）（图4.20）所发现。1988年，阿格雷在分离纯化红细胞质膜上的某种多肽时，发现了一个疏水性跨膜蛋白，并将其称为形成通道的整合膜蛋白。1991年，完成了其cDNA克隆。随后，将体外转录合成的相关mRNA注入非洲爪蟾的卵母细胞中，发现在低渗溶液中卵母细胞迅速膨胀，并于5 min内破裂。为进一步确定其功能，又将其构建于蛋白磷脂体内，通过相关测定及研究，证实其为水通道蛋白。从此确定质膜上存在转运水的特异性通道蛋白，并将其称为水通道蛋白（也叫作水孔蛋白）（图4.21）。最后，阿格雷与洛克斐勒大学霍华休斯医学研究中心的罗德里克·麦金农（R. Mackinnon，1956~）（通过X射线晶体学技术确认钾离子通道结构）共同荣获了2003年诺贝尔化学奖。

水通道蛋白是处于持续开放状态的膜通道蛋白，广泛存在于质膜以及液泡膜、内质网膜上。只允许单一水分子通过，不允许离子或其他的小分子以及蛋白质等通过。水分子进出膜的方向完全由膜两侧的渗透压差决定，且转运时不消耗能量。通过水通道蛋白转运水分子的速度要比自由扩散转运水分子的速度快很多。

目前，已知哺乳类动物体内的水通道蛋白有13种，其中6种位于肾脏，主要用于水分的重吸收。科学家对于其他水通道蛋白的存在仍有疑虑。

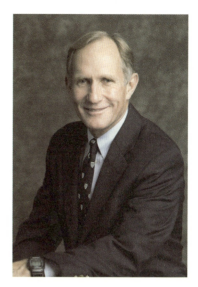

阿格雷｜图4.20

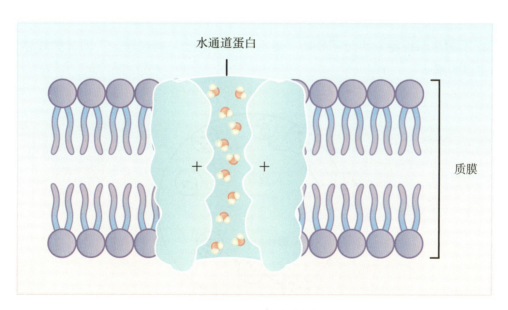

水通道蛋白｜图4.21

习题 Exercises

1. 下图为物质运输方式的概念图，则下列有关叙述正确的是（　　）。

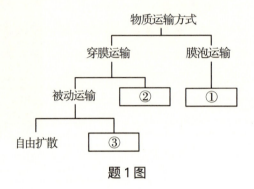

题 1 图

A. 通过 ① 所示过程进入细胞需要载体蛋白的协助
B. ② 所示过程能逆浓度梯度跨膜运输物质
C. 需要消耗细胞中ATP水解释放的能量的过程是 ①②③
D. 蜜饯腌制时蔗糖进入细胞与过程 ② 有关

2. 下图表示细胞对大分子物质"胞吞"和"胞吐"的过程。下列有关叙述错误的是（　　）。

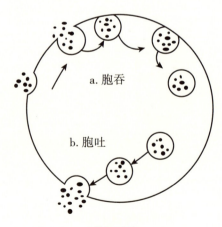

题 2 图

A. b与a分别是细胞排泄废物和摄取养分的基本方式
B. a要有细胞表面识别和内部供能才可能完成
C. b表示细胞分泌的同时会导致膜成分的更新
D. a与b均要以膜的流动性为基础才可能发生

3. 新生儿小肠上皮细胞通过消耗ATP，可以直接吸收母乳中的免疫球蛋白和半乳糖，这两种物质被吸收到血液中的方式分别是（　　）。
A. 主动运输、主动运输
B. 被动运输、主动运输
C. 主动运输、胞吞
D. 胞吞、主动运输

4. 图（a）为氨基酸和Na^+进出肾小管上皮细胞的示意图，图（b）表示甲（核苷酸）、乙（葡萄糖）这两种小分子物质在细胞内外的浓度情况。下列选项正确的是（　　）。

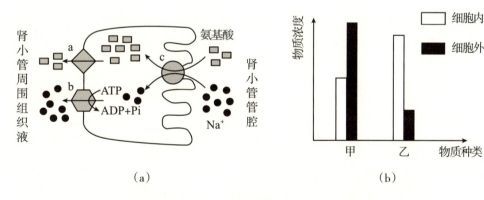

题4图

A. 图（a）中Na^+进出肾小管上皮细胞的方式为主动运输
B. 图（a）中载体c既能运输Na^+又可同时运输氨基酸，该载体不具有专一性
C. 图（b）中的乙（葡萄糖）从胞内运输至胞外受载体蛋白的限制
D. 图（b）中的甲（核苷酸）从胞内运输至胞外的方式为协助扩散

5. 如图所示为与自由扩散、协助扩散和主动运输有关的图例或曲线。下列叙述正确的是（　　）。

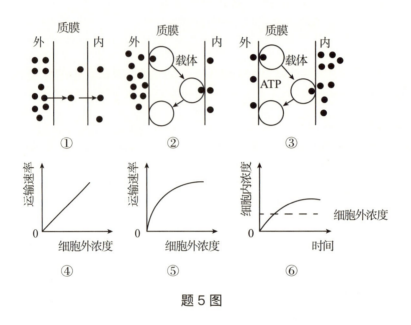

题 5 图

A. 肺泡上皮细胞吸收氧气——①、⑤
B. 红细胞吸收葡萄糖——③、⑥
C. 根尖细胞吸收矿质离子——③、⑥
D. 肌肉细胞吸收水——②、④

6. 图甲为质膜的结构模式图，图乙表示四种不同的物质在同一个动物细胞内外的相对浓度差异。请据图回答下列问题：

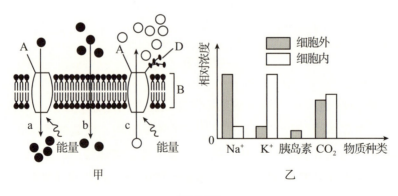

题 6 图

（1）在图甲中，A、B、D表示组成质膜的物质，其中B表示_____，它构成质膜的基本支架，膜功能的复杂程度主要取决于A所代表的_____的种类和数量。

（2）图乙中四种物质的运输方式有_____种形式，四种物质中进出细胞不需要耗能的是_____。

（3）图乙中Na^+、K^+细胞内外的相对浓度差很大，维持细胞内外相对浓度差异的动力是_____。

章末总结

知识图谱
Knowledge Graph

- 细胞的物质交换
  - 物质跨膜运输的实例
  - 物质跨膜运输的方式

- 细胞的物质交换
  - 物质跨膜运输的实例
  - 物质跨膜运输的方式

- 扩散和渗透

- 动物细胞的吸水和失水　　外界溶液浓度小于细胞质浓度时细胞吸水膨胀；反之失水皱缩

- 植物细胞的吸水和失水
  - 现象　　植物细胞的质壁分离和复原
  - 原因
    - 内因　　原生质层比细胞壁的伸缩性大
    - 外因　　外界溶液与细胞液有浓度差

- 被动运输
  - 自由扩散　　高浓度→低浓度，不需要载体蛋白，不消耗 ATP
  - 协助扩散　　高浓度→低浓度，需要载体蛋白，不消耗 ATP

- 主动运输　　低浓度→高浓度，需要载体蛋白，消耗 ATP

- 胞吞和胞吐　　细胞摄取或排出大分子的方式

第 4 章　细胞的物质交换

迁移应用 Migrating Applications

1. 质膜在细胞的生命活动中具有重要作用。则下列相关叙述不正确的是（　　）。
   A. 质膜的糖被在细胞间具有识别作用
   B. 质膜对膜两侧物质的进出具有选择性
   C. 质膜内外两侧结合的蛋白质种类有差异
   D. 载体蛋白是镶在质膜内外表面的蛋白质

2. 某种 H^+-ATPase 是一种位于膜上的载体蛋白，具有 ATP 水解酶活性，能够利用水解 ATP 释放的能量逆浓度梯度跨膜转运 H^+。① 将某植物气孔的保卫细胞悬浮在一定 pH 的溶液中（假设细胞内的 pH 高于细胞外），置于黑暗中一段时间后，溶液的 pH 不变。② 再将含有保卫细胞的该溶液分成两组，一组照射蓝光后溶液的 pH 明显降低；另一组先在溶液中加入 H^+-ATPase 的抑制剂（抑制 ATP 水解），再用蓝光照射，溶液的 pH 不变。根据上述实验结果，下列推测不合理的是（　　）。
   A. H^+-ATPase 位于保卫细胞质膜上，蓝光能够引起细胞内的 H^+ 转运到细胞外
   B. 蓝光通过保卫细胞质膜上的 H^+-ATPase 发挥作用导致 H^+ 逆浓度梯度跨膜运输
   C. H^+-ATPase 逆浓度梯度跨膜转运 H^+ 所需的能量可由蓝光直接提供
   D. 溶液中的 H^+ 不能通过自由扩散的方式透过细胞质膜进入保卫细胞

3. 下图表示物质进出细胞的不同过程，则下列相关叙述错误的是（　　）。

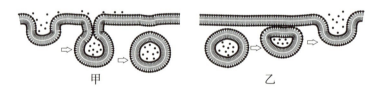

题 3 图

   A. 甲可以表示胞吞，乙可以表示胞吐
   B. 甲、乙两种物质在运输过程中都需要消耗 ATP
   C. 这两种物质在运输过程中都是从低浓度向高浓度输送的
   D. 甲、乙两种物质的运输过程说明生物膜具有一定的流动性

4. 将某活组织放入适宜的完全营养液中，置于适宜的条件下培养。培养液中甲、乙两种离子的浓度保持相等且恒定，定期测得细胞中两种离子的含量，得到如图所示的曲线。下列叙述正确的是（   ）。

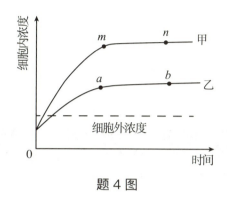

题 4 图

A. 该组织细胞吸收甲、乙两种离子的方式分别是扩散和主动运输
B. 该组织细胞运输离子甲的载体数量比运输离子乙的多
C. 两种离子均只能从低浓度的一侧运输到高浓度的一侧
D. 曲线 mn 段和 ab 段细胞不再吸收培养液中的离子

5. 下列有关物质跨膜运输的叙述，正确的是（   ）。
A. 巨噬细胞摄入病原体的过程属于协助扩散
B. 固醇类激素进入靶细胞的过程属于主动运输
C. 神经细胞受到刺激时产生的 Na^+ 内流属于被动运输
D. 护肤品中的甘油进入皮肤细胞的过程属于主动运输

6. 如图所示为不同物质跨膜运输的示意图，则下列相关叙述正确的是（   ）。

题 6 图

A. 物质通过方式 ① 进入细胞不能体现质膜的选择性
B. 神经元产生兴奋的生理基础是 K⁺ 通过方式 ② 内流
C. 葡萄糖通过方式 ③ 进入红细胞与载体的专一性有关
D. 大分子物质通过方式 ④ 运输需要消耗 ATP

7. 如图所示为质膜运输物质的几种方式，请据图回答下列问题：

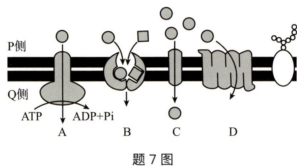

题 7 图

A：ATP 驱动泵，由 ATP 提供能量
B：耦联转运蛋白，由 ATP 间接提供能量
D：光驱动泵，由光提供能量

（1）图中质膜外侧是_____（填"P 侧"或"Q 侧"），理由是_____
_____。
（2）上述 4 种运输方式中，属于主动运输的是_____（填图中字母），判断的依据是_____。
（3）若图示为人体成熟红细胞的质膜，则葡萄糖进入该细胞的方式为_____（填图中字母）。

8. 科学家研究发现，质膜的跨膜蛋白中有一种与水的跨膜运输有关的水通道蛋白。请回答下列问题：
（1）质膜上跨膜蛋白的合成类似于分泌蛋白，核糖体上合成的肽链需要在_____中加工和修饰后，再运输到质膜上。
（2）从质膜的结构进行分析，由于_____，水分子自由扩散通过质膜时会受到一定的阻碍。现研究确认，质膜上的水通道蛋白能帮助水分子从低渗溶液向高渗溶液跨膜运输，这种水分子跨膜运输的方式是_____。

（3）哺乳动物红细胞在低渗溶液中能迅速吸水胀破，有人推测这可能与水通道蛋白有关。请设计实验来验证这个推测是正确的。（要求：写出实验思路，预期实验结果。）
_____
_____
_____

9. 许多物质在逆浓度进出细胞时都依赖于载体蛋白，且需要消耗能量，这种运输方式叫作主动运输。其中，由ATP直接供能的方式为原发性主动运输，不由ATP直接供能的方式为继发性主动运输。如图所示为人的小肠上皮细胞与肠腔、组织液之间的部分物质交示意图，标号①~③表示不同的载体蛋白。请分析并回答以下问题：

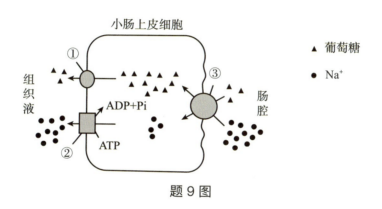

题9图

（1）图中载体③运输Na^+的方式为_____，载体③运输葡萄糖的方式具体为_____（填"原发性主动运输"或"继发性主动运输"），该运输方式所消耗的能量来自于_____。

（2）若载体②受蛋白抑制剂的影响而功能减弱，则会造成小肠上皮细胞内Na^+浓度____（填"上升"、"下降"或"不变"）。由图可知，载体②的功能包括____（填字母）。

a. 物质运输　　　　　b. 信息交流　　　　　c. 催化作用

（3）若小肠上皮细胞因O_2浓度降低造成细胞呼吸速率下降，则葡萄糖进入该细胞的速率是否会受影响？____（填"是"或"否"），理由是_____
_____
_____。

第 5 章 细胞的能量来源和转换

生物体的一切生命活动都需要能量。生物体的生长、发育，机体运动（包括肌肉的收缩）以及生物膜的传递、运输功能等等，都需要消耗能量。如果没有能量来源，生命活动也就无法进行，生命也就会停止。

太阳能是生物最根本的能量来源。它在光合作用的过程中被转变成了化学能，储存在葡萄糖中。而后异养生物依靠机体的氧化作用，将葡萄糖分子中蕴含的能量逐步释放出来，这些能量被机体捕获并贮存在ATP（三磷酸腺苷）中，随后ATP被分解成ADP（二磷酸腺苷）和Pi（磷酸），最终将释放的能量用于机体的物质合成、肌肉收缩、主动运输等生命活动中。

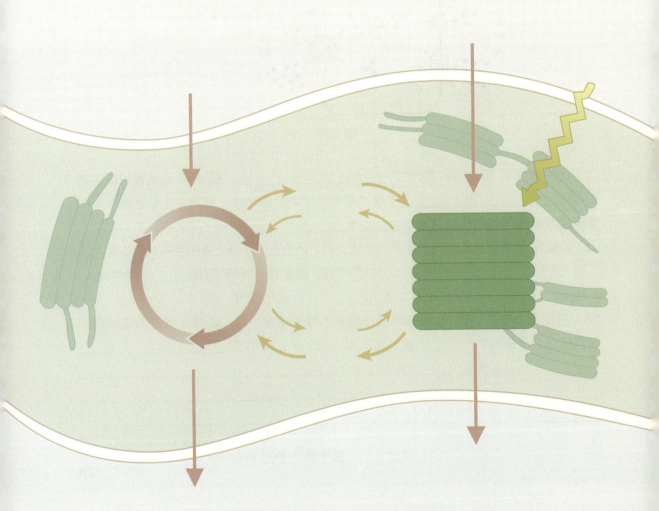

5.1 酶

酶是活细胞产生的具有生物催化功能的蛋白质或RNA。生物体内各种化学反应几乎都是在酶的催化下进行的,细胞由于酶的存在才能顺利进行新陈代谢,进而表现出各种生命活动。生物体内酶越多,越完整,其生命就越健康。生物体的疾病大多与酶的缺乏或酶的合成障碍有关。

◉ 科学视野

1773年,意大利科学家斯帕兰扎尼(L. Spallanzani,1729~1799)设计了一个巧妙的实验(图5.1):将肉块放入小巧的金属笼中,然后让鹰吞下去。过一段时间将小笼取出,发现肉块消失了。于是,他推断胃液中一定含有消化肉块的物质。

斯帕兰扎尼的实验 | 图5.1

1833年，法国的培安（A. Payen，1795~1871）和培洛里（J. F. Persoz，1805~1868）将磨碎麦芽的液体作用于淀粉中，结果发现淀粉被分解，于是他将这个分解淀粉的物质命名为diastase，也就是现在所称的淀粉酶。后来，diastase在法国成为用来表示所有酶的名称。

1836年，德国马普生物研究所科学家施旺（T. Schwann，1810~1882）从胃液中提取出消化蛋白质的物质，解开了消化之谜。

1872年，居尼所（W. Kuhne，1837~1900）提出"酶"（enzyme）这个名称。

1926年，美国科学家萨姆纳（J. B. Sumner，1887~1955）从刀豆种子中提取出脲酶的结晶，并通过化学实验证实脲酶是一种蛋白质。

20世纪30年代，科学家们相继提取出多种酶的蛋白质结晶，并指出酶是一类具有生物催化作用的蛋白质。

1982年，美国科学家切赫（T. R. Cech，1947~）和奥尔特曼（S. Altman，1939~）发现少数RNA也具有生物催化作用，并将其命名为ribozyme。

1986年，舒尔茨（P. G. Schultz，1956~）和勒纳（R. A. Lerner，1938~）研制出抗体酶（abzyme）。

5.1.1 酶促反应

酶所催化的反应称为酶促反应。酶所作用的物质称为底物，经反应生成的物质称为产物。除某些核酶外，绝大多数酶是蛋白质。因此可使蛋白质变性的因素，如高温、强酸、强碱等同样可使酶变性失活。此外，生物体内其他因素也可调节酶的活性。在反应过程中，酶与底物的接触只限于酶分子的较小部位或少数基团。在酶分子中，直接和底物结合并与酶的催化作用直接相关的部位叫作活性中心（图5.2），是酶分子上具有一定空间结构的区域。

同其他催化剂一样，酶只是促进反应而不参加反应，反应前后酶的性质和数量保持不变。实验室中，复杂有机物的合成和分解需在高温、高

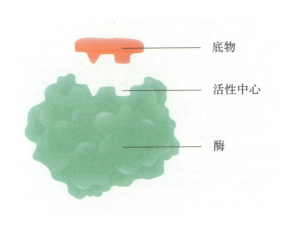

酶的活性中心 | 图 5.2

压、强酸、强碱等剧烈条件下进行，酶的存在可以使这些复杂的化学反应在生物体温和的条件下顺利且高效地进行。

5.1.2 生物催化剂——酶

酶加快反应速率的原理与一般催化剂相同，均通过降低反应的活化能。在一个化学反应体系中，具有较高能量的活化分子越多，反应速率越快。活化分子比一般分子高出的能量，称为活化能。它是指在一定温度下1摩尔底物全部进入活化态所需的能量（单位为J/mol）。酶促反应中，酶降低了化学反应的活化能（图5.3），因此，只需要较少能量就可使反应物成为活化分子，使活化分子的数量大大增加，从而加快反应速率。

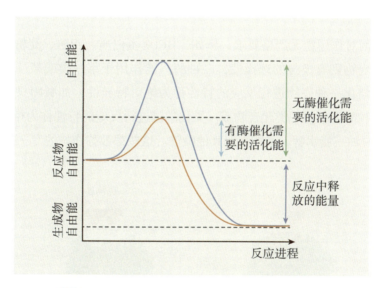

微件　酶促反应中活化能的改变｜图 5.3

过氧化氢是细胞代谢过程中产生的一种强氧化剂，会损耗体内的抗氧化物质，使得机体抗氧化能力减弱，抵抗力下降。Fe^{3+}能促使过氧化氢分解产生H_2O和O_2，是一种无机催化剂，动物体内也存在促使过氧化氢分解的生物催化剂——过氧化氢酶，其在肝脏中以高浓度存在。在下面的探究实验（图5.4）中，通过对比可以看到酶的催化效率高于一般催化剂。研究发现，酶催化反应的速率比非催化反应的速率高$10^8 \sim 10^{20}$倍，比一般无机催化剂高$10^7 \sim 10^{13}$倍！酶是一种非常高效的生物催化剂。

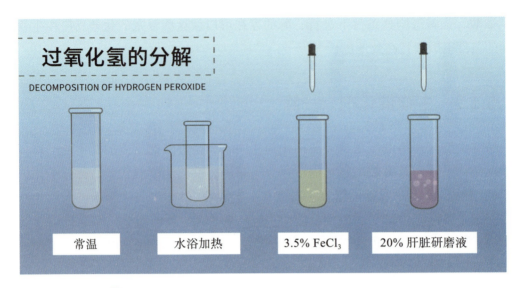

微件　比较过氧化氢在不同条件下的分解｜图 5.4

一般催化剂对作用物无严格要求，例如，HCl对蛋白质、脂肪、淀粉的水解都有促进作用。酶对底物则有极强的选择性，一种酶只能作用于某一类或某一种特定的底物上。一种酶只催化一种底物进行反应的特性称为绝对特异性，如脲酶只能水解尿素为CO_2和NH_3；一种酶能催化一类化合物或一类化学键进行反应的特性称为相对特异性，如酯酶既能催化甘油三脂水解，又能水解其他酯键。这些都被称作酶的专一性（图5.5）。

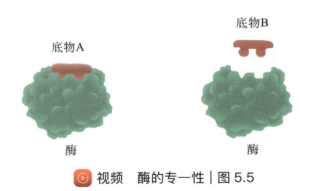

视频　酶的专一性｜图 5.5

早在1894年费歇尔（E. Fischer，1852~1919）就提出了"锁钥学说"来解释酶作用的专一性。该学说认为酶和底物结合时，底物的结构和酶的活性中心的结构十分吻合，就好像一把钥匙配一把锁一样。酶只能与对应的化合物契合，会排斥那些形状、大小不适合的化合物。因此，酶对底物具有专一性。

后来发现，当底物与酶结合时，酶分子上的某些基团常常发生明显的变化。另外，酶常常能够催化同一个生化反应中正逆两个方向的反应。因此，"锁钥学说"把酶的结构看成固定不变是不符合实际的。

于是，有的科学家又提出：酶并不是事先以一种与底物互补的形状存在，而是在受到诱导之后才形成互补的形状，即底物与酶结合后，底物诱导酶的构象发生相应的变化，使酶和底物契合而形成酶-底物络合物。这就是1958年丹尼尔·科什兰（D. E. Koshland，1920~2007）提出的"诱导契合学说"。一旦反应结束，产物从酶上脱落下来，酶的活性中心便会恢复原来的构象。这一学说比较成功地说明了酶的作用方式，并得到了某些酶（羧肽酶、溶菌酶）的X射线衍射分析结果的支持（图5.6）。

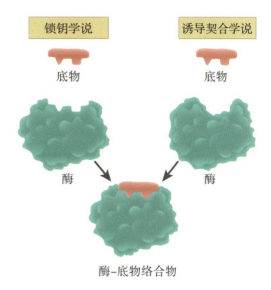

微件　酶与底物的两种假说｜图 5.6

5.1.3　影响酶促反应速率的因素

由于酶的化学本质主要是蛋白质，因而一般要求温和的作用条件，如常温、常压、中性pH。除此之外，酶促反应还受酶浓度、底物浓度、激活剂和抑制剂等条件的影响。

1. 温度对酶促反应速率的影响

在最适宜的温度条件下，酶的活性最高（图5.7）。在适宜的温度范围内，温度每升高10 ℃，酶促反应速率可以相应提高1~2倍。不同生物体内酶的最适温度不同，动物体内的酶最适温度为35~40 ℃，植物体内的酶最适温度为40~50 ℃，微生物体内的各种酶最适温度为25~60 ℃（也有一些细菌的酶最适温度可以超过60 ℃）。过高或过低的温度都会降低酶的催化效率，即降低酶促反应速率。例如，最适温度在60 ℃以下的酶，当温度达到60~80 ℃时，大部分酶的空间结构会被破坏，发生不可逆变性；当温度接近100 ℃时，酶的催化作用完全丧失；当温度为0 ℃左右时，酶的活性很低，但酶的空间结构稳定，在适宜的温度下酶的活性可以升高。

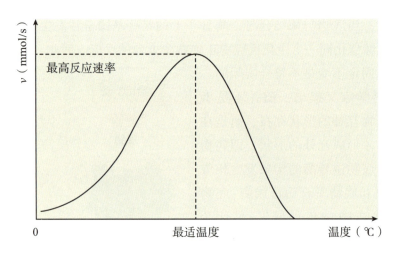

温度对酶促反应速率的影响 | 图 5.7

2. pH对酶促反应速率的影响

酶在最适pH时表现出最大活性，大于或小于最适pH时，酶的活性都会降低（图5.8）。动物体内的酶最适pH大多为6.5~8.5，但也有例外，如胃蛋白酶的最适pH大约为1.8，植物体及微生物体内的酶最适pH大多为4.5~6.5。过高或过低的pH都会影响酶的稳定性，进而使酶遭受不可逆破坏。

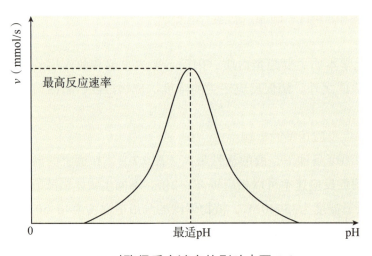

pH 对酶促反应速率的影响 | 图 5.8

3. 酶浓度对酶促反应速率的影响

酶促反应速率与酶分子的浓度在一定范围内成正比。当底物分子浓度充足时，酶分子越多，底物转化的速率越快（图5.9）。

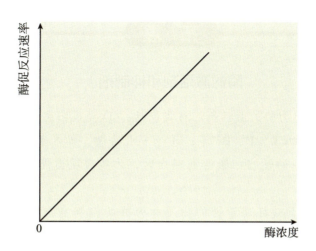

底物充足时，酶浓度对酶促反应速率的影响 | 图 5.9

4. 底物浓度对酶促反应速率的影响

在生化反应中，当酶的浓度为定值，底物的起始浓度较低时，酶促反应速率与底物浓度成正比，即随底物浓度的增加而增加。而若底物浓度达到一定值，反应速率达到最大值，此时再增加底物浓度，反应速率将不再增加（图5.10）。

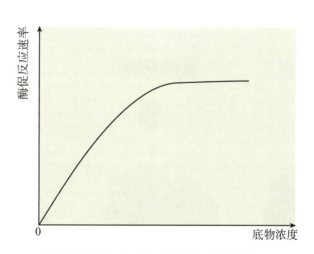

底物浓度对酶促反应速率的影响 | 图 5.10

随着对酶研究的深入，酶在食品、化工、医药等领域得到了广泛的应用。例如在洗衣粉中加入酶制剂，可提高洗涤效果；使用胰蛋白酶不仅可促进伤口愈合和溶解血凝块，还可去除坏死组织，抑制污染微生物的繁殖；果胶酶能分解果肉细胞壁中的果胶，提高果汁产量。

拓 展

酶的激活剂和抑制剂

能激活酶的物质称为酶的激活剂。种类包括：① 无机阳离子，如Na^+、K^+、Cu^{2+}等；② 无机阴离子，如Cl^-、I^-、Br^-等；③ 有机化合物，如维生素C、半胱氨酸等。

许多酶只有当某一种适当的激活剂存在时，才能表现出催化活性或强化其催化活性。

能减弱、抑制甚至破坏酶活性的物质称为酶的抑制剂，它可降低酶促反应速率。酶的抑制剂有重金属离子、CO、H_2S等。对酶促反应的抑制可分为竞争性抑制和非竞争性抑制（图5.11）。

与底物结构类似的物质争先与酶的活性中心结合，从而降低酶促反应速率，这种作用称为竞争性抑制。这是可逆性抑制，通过增加底物浓度可解除抑制，恢复酶的活性。与底物结构类似的物质称为竞争性抑制剂。抑制剂与酶活性中心以外的位点结合后，底物仍可与酶活性中心结合，但酶不显示活性，这种作用称为非竞争性抑制。非竞争性抑制是不可逆的，增加底物浓度并不能解除对酶活性的抑制。与酶活性中心以外的位点结合的抑制剂，称为非竞争性抑制剂。

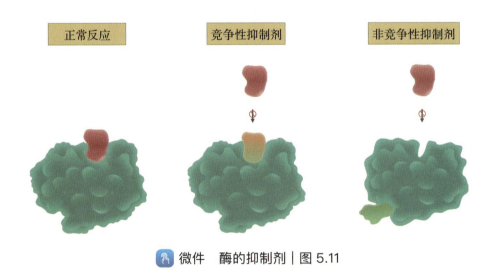

微件　酶的抑制剂 | 图 5.11

习题 Exercises

1. 下列关于酶的叙述，错误的是（　　）。
A. 一种酶只能催化一种或一类底物的化学反应
B. 酶的催化作用需要在适宜的温度和pH下发生
C. 对于一个细胞来说，酶的种类和数量不会发生变化
D. 酶催化化学反应的本质是降低反应的活化能

2. 下列关于探究酶特性实验的叙述，正确的是（　　）。
A. 若探究pH对过氧化氢酶活性的影响，则可选择可溶性淀粉溶液作为底物
B. 若探究过氧化氢酶的高效性，则可选择无机催化剂作为对照
C. 若探究温度对淀粉酶活性的影响，则可选择斐林试剂对实验结果进行检测
D. 若用淀粉、蔗糖和淀粉酶来探究酶的专一性，则可用碘液对实验结果进行检测

3. 将A、B两种物质混合，T_1时加入酶C。如图所示为最适温度下A、B浓度的变化曲线，则下列叙述错误的是（　　）。

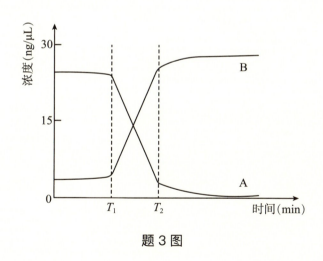

题 3 图

A. 酶C降低了A生成B这一反应的活化能　　B. 该体系中酶促反应速率先快后慢
C. T_2后B增加缓慢是酶活性降低导致的　　D. 适当降低反应温度，T_2值会增大

4. 图甲表示麦芽糖酶催化麦芽糖水解的模型，图乙表示在最适温度下麦芽糖酶的催化速率与麦芽糖量的关系，则下列叙述正确的是（　　）。

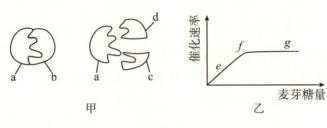

题 4 图

A. 该模型能体现酶的催化具有高效性，其中a代表麦芽糖酶
B. 如果温度升高或降低5 ℃，则 f 处将下移
C. 限制 $e \sim f$ 和 $f \sim g$ 段上升的原因分别是酶的数量和麦芽糖量
D. 可用斐林试剂鉴定麦芽糖酶是否完成了对麦芽糖的催化分解

5.2 ATP

所有细胞活动均需要能量。糖类作为生命活动的主要能源物质，其分解所释放的能量并不能直接被生物体利用。生命活动的直接能源来自于另一种物质——ATP。

5.2.1 ATP 的结构

ATP（adenosine tiphosphate）（图5.12）是三磷酸腺苷的英文名称缩写。三磷酸腺苷是一种不稳定的高能化合物，由1分子腺嘌呤、1分子核糖和3分子磷酸组成。它的化学式为$C_{10}H_{16}N_5O_{13}P_3$，分子简式为A—P~P~P，其中A表示腺苷（腺嘌呤与核糖连接形成），T表示三个，P代表磷酸基团，"~"代表一种特殊的化学键，这种化学键不稳定，具有较高的转移势能（由于相邻的两个磷酸基团都带负电荷而相互排斥等，末端基团有一种离开ATP与其他分子结合的趋势）。当ATP在酶的作用下水解时，脱离下来的末端磷酸基团会携带能量与其他分子结合，使后者发生变化，这是释放能量的一个过程。因为1 mol ATP水解所释放的能量高达30.54 kJ，所以ATP是一种高能磷酸化合物。

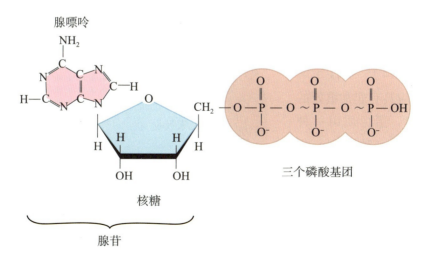

ATP 的结构 | 图 5.12

5.2.2 ATP 的储能和放能过程

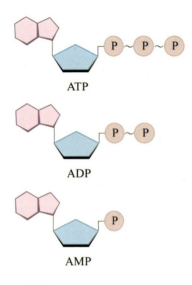

微件 ATP | 图 5.13

如图5.13所示，ATP的三个磷酸基团从腺苷基团起始，依次分别称为α、β和γ磷酸基团。ATP水解时既可以脱去一个磷酸基团（γ磷酸基团）形成ADP（二磷酸腺苷）和Pi（磷酸），又可以同时脱去两个磷酸基团（β和γ磷酸基团）形成AMP（一磷酸腺苷）和PPi（焦磷酸）。

细胞中绝大多数消耗能量的生命活动都是由ATP直接供能的（图5.14）。ATP水解成ADP的反应具有非常重要的意义。例如，蛋白质由一种构象转变为另一种构象、一种低能态的物质转变为高能态的物质、离子逆浓度梯度的跨膜运输等都需要ATP反应提供能量。

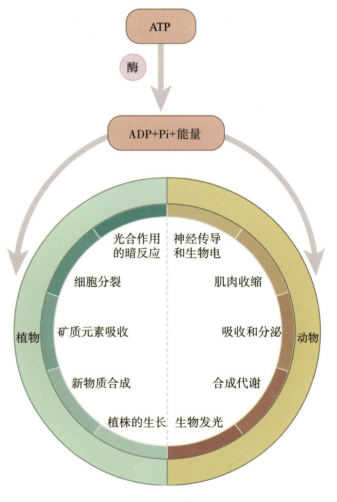

ATP 为生命活动供能 | 图 5.14

ATP水解成AMP的反应也具有特殊的生物学意义。例如，萤火虫的发光（图5.15）物质"虫荧光酰腺苷酸"的形成就是由其提供腺苷酸，脂肪酸酶促活化形成脂酰辅酶A的反应也是由其提供能量。总之，ATP可以储存和传递化学能，是生物体内最直接的能量来源，也是细胞内能量传递的"能量通货"。

视频　萤火虫发光 | 图5.15

活细胞的生命活动无时无刻不需要能量供应。一个处于静息状态的人，需消耗40 kg/d的ATP。在紧张活动的情况下，ATP的消耗可达0.5 kg/min。但ATP在细胞中的含量很低，在哺乳动物的脑和肌肉中为3~8 mmol/kg，只能供肌肉剧烈活动1 s左右。因此，ATP消耗后必须及时产生。ADP和Pi在ATP合成酶的作用下，接收细胞呼吸或光合作用提供的能量而形成ATP（图5.16）。AMP可在腺苷酸激酶的作用下，由ATP提供一个磷酸基团而形成ADP，ADP又迅速接收另外的磷酸基团而形成ATP（图5.17）。

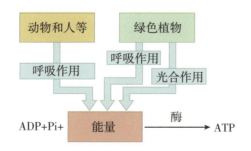

ATP 形成时能量的来源 | 图5.16

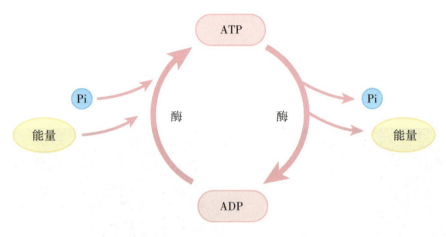

ATP 与 ADP 相互转化 | 图 5.17

在活细胞中，ATP末端磷酸基团的消耗和再生极其迅速，但二者速度相对平衡，因此，细胞中ATP的含量维持在一个相对稳定的水平。即使机体需要很多的ATP，也能通过提高消耗与再生的速度以适应细胞对能量的需求。细胞内ATP维持动态平衡的事实，可用放射性^{32}P作为探针予以证明，即用标记的磷酸测定细胞内ATP末端磷酸基团的周转率。具体方法是将被^{32}P标记的磷酸注入活细胞内，随后迅速分离细胞内的ATP，测定其放射性。实验结果表明，虽然ATP的含量没有发生变化，但它的末端磷酸基团已经被放射性^{32}P所标记。而且可以看到ATP的放射性与无机磷酸的放射性强度达到完全一致。^{32}P取代ATP末端磷酸基团的速度以肝细胞为例只需1~2 min，细菌只需几秒。正是这种相互转化实现了贮能和放能，保证了细胞各项生命活动的能量供应。

拓 展

高能磷酸化合物是指水解时释放的能量在20.92 kJ/mol以上的磷酸化合物。机体内有许多磷酸化合物，如ATP、1,3-二磷酸甘油酸、磷酸烯醇式丙酮酸、磷酸肌酸等，它们的磷酸基团脱离时可释放出大量的自由能，这类化合物称为高能磷酸化合物。1,3-二磷酸甘油酸和磷酸烯醇式丙酮酸都是葡萄糖分解的中间产物，葡萄糖分解为乳酸时释放的能量几乎都保留在这两个化合物中。在细胞中，这两个化合物并不直接水解，而是通过特殊激酶的作用，以转移磷酸基团的形式将捕获的能量传递给ADP，从而形成ATP。磷酸肌酸主要存在于动物和人体细胞中，特别是骨骼肌细胞中，其含量远远超过ATP。虽然肌肉细胞活动的直接供能物质是ATP，但ATP含量很低，当能量被大量消耗导致细胞中ATP含量过分减少时，磷酸肌酸就会释放出所储存的能量，供ADP合成为ATP，这是动物体内ATP形成的一个途径。当肌细胞中的ATP浓度过高时，肌细胞中的ATP可将其中的磷酸基团转移给肌酸，生成磷酸肌酸，其变化如下所示：

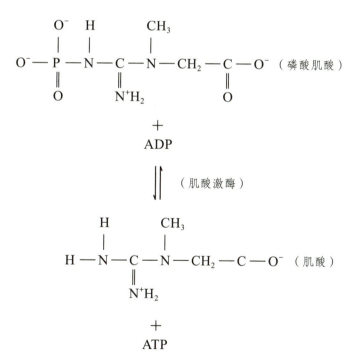

因此，磷酸肌酸有"ATP缓冲剂"之称。它是能量的一种储存形式，虽然不能被直接利用，但对于动物和人来说，磷酸肌酸在能量的释放、转移和利用之间起着缓冲作用，使细胞内ATP的含量保持相对稳定。

习题 Exercises

1. 下列关于ATP的叙述，正确的是（　　）。
   A. ATP分子由1个腺嘌呤和3个磷酸基团组成
   B. ATP的化学性质稳定且在细胞中含量丰富
   C. ATP中的"A"与DNA中的碱基"A"含义不同
   D. ATP中靠近A的化学键易水解断裂而释放能量

2. 如图所示，下列说法不正确的是（　　）。

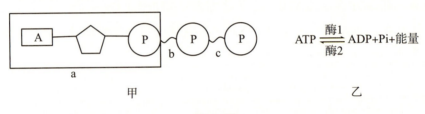

题 2 图

   A. 图甲中的a代表腺苷，A代表腺嘌呤
   B. ATP生成ADP时图甲中的c键断裂并释放能量
   C. ATP与ADP相互转化时物质可循环利用，能量不可逆
   D. 酶1和酶2催化作用的机理是降低化学反应的活化能

3. ATP是生物体内重要的能源物质，下图为人体内合成ATP的简图。下列有关叙述正确的是（　　）。

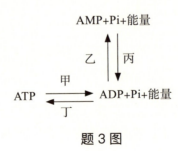

题 3 图

A. 催化甲、乙、丙、丁过程的酶肯定属于不同种酶
B. AMP可以作为合成ADP的原料，但不能作为合成RNA的原料
C. 丁过程可能是光合作用或呼吸作用
D. ATP中的能量可以来源于光能和化学能，但不能转化为光能

4. 下列有关ATP的叙述，正确的是（　　）。
① 人长时间剧烈运动时，骨骼肌细胞中每摩尔葡萄糖生成ATP的量与安静时相等
② 在活细胞中ATP与ADP相互转化时，其循环是永无休止的
③ 人在寒冷时，细胞代谢增强，细胞产生ATP的量增加
④ 人在饥饿时，细胞中ATP与ADP的含量难以达到动态平衡

A. ①②　　　　B. ②③　　　　C. ③④　　　　D. ①④

5.3 呼吸作用

ATP是细胞的能量"通货",形成ATP的能量主要来自细胞内的呼吸作用。呼吸作用是指有机物在细胞内经过一系列的氧化分解,生成二氧化碳或其他产物,释放出能量并生成ATP的过程(图5.18)。细胞呼吸的实质是分解有机物,释放能量。

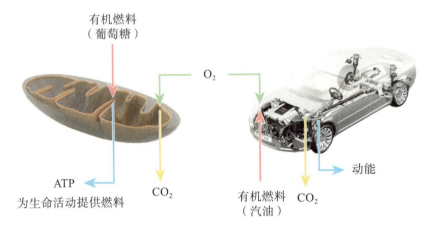

细胞呼吸为生命活动提供能量 | 图 5.18

拉瓦锡 | 图 5.19

法国化学家拉瓦锡(A. L. Lavoisier,1743~1794)(图5.19)发现物质燃烧需要氧气,并且把呼吸作用比作碳和氢的"缓慢燃烧过程"。与燃烧相比,细胞呼吸也是物质的氧化分解,但它不像燃料在体外燃烧那样剧烈。

5.3.1 细胞呼吸的方式

酵母菌（图 5.20）是一种单细胞真菌。通过探究酵母菌细胞呼吸的方式（图 5.21），可以发现在有氧和无氧条件下酵母菌都能分解葡萄糖进行细胞呼吸，属于兼性厌氧型生物。在有氧条件下，酵母菌可将葡萄糖分解产生大量的二氧化碳和水；在无氧条件下，酵母菌可将葡萄糖分解产生酒精，还会产生少量的二氧化碳。

AR　酵母菌｜图 5.20

微件　探究酵母菌细胞呼吸的方式｜图 5.21

科学家通过大量的实验证实，细胞呼吸可分为有氧呼吸（aerobic respiration）和无氧呼吸（anaerobic respiration）。

（1）有氧呼吸

对绝大多数生物来说，有氧呼吸是细胞呼吸的主要形式，这一过程必须有氧气的参与。有氧呼吸的主要场所是线粒体（图5.22）。线粒体具有内、外两层膜，内膜的某些部位向线粒体的内腔折叠形成嵴，嵴使内膜的表面积大大增加。嵴的周围充满了液态的基质。线粒体的内膜上和基质中均含有许多与有氧呼吸有关的酶。

AR　线粒体｜图 5.22

有氧呼吸的过程很复杂，包含了许多化学反应，每一个反应又是由专一的酶催化的。概括起来，这些反应可以归纳为三个阶段。下面以葡萄糖作为底物进行说明。

第一阶段，又称糖酵解。

1分子的葡萄糖分解成2分子的丙酮酸（$C_3H_4O_3$）、少量的[H]并释放少量能量。这个阶段是在细胞质基质中进行的。这里的[H]是一种十分简化的表示方式，这一过程实际上是指氧化型辅酶Ⅰ（NAD^+）转化成还原型辅酶Ⅰ（NADH）。

$$C_6H_{12}O_6（葡萄糖）\xrightarrow{酶} 2C_3H_4O_3（丙酮酸）+4[H]+能量$$

第二阶段，也叫柠檬酸循环。

糖酵解产生的丙酮酸通过扩散作用进入线粒体基质，和水结合彻底分解成CO_2和[H]，并释放少量能量。

$$2C_3H_4O_3+6H_2O \xrightarrow{酶} 6CO_2+20[H]+能量$$

第三阶段，也叫电子传递链。

上述两个阶段产生的[H]经过一系列的化学反应，与氧结合形成水，同时释放出大量的能量。这一阶段在线粒体内膜上进行，需要氧气的参与。原核细胞没有线粒体，这一过程在质膜上进行。

$$24[H]+6O_2 \xrightarrow{酶} 12H_2O+能量$$

有氧呼吸常利用的是葡萄糖，其总的化学反应式可以简写成如下形式：

$$C_6H_{12}O_6+6H_2O+6O_2 \xrightarrow{酶} 6CO_2+12H_2O+能量$$

概括地说，有氧呼吸（图5.23，图5.24）是指细胞在氧气的参与下，通过多种酶的催化作用，把葡萄糖等有机物彻底氧化分解，产生二氧化碳和水，释放能量，生成大量ATP的过程。不同于有机物的体外燃烧，有氧呼吸时有机物的能量是经过一系列的化学反应逐步释放的，这些能量中的30%～40%储存在ATP中，其余的能量则以热能的形式散失掉了。所以，有氧呼吸具有以下特点：① 需要O_2的参与，且以葡萄糖作为底物时，消耗的O_2量等于产生的CO_2量；② 在温和的条件下进行；③ 能量逐步释放；④ 能够进行彻底的氧化分解。

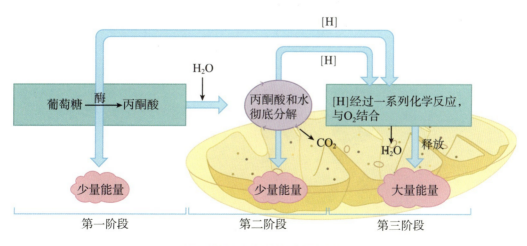

有氧呼吸过程图解 | 图5.23

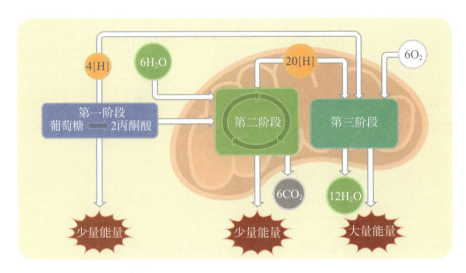

微件 细胞的有氧呼吸｜图 5.24

（2）无氧呼吸

除酵母菌以外，还有许多细菌和真菌能够进行无氧呼吸。此外，马铃薯块茎、苹果果实等植物器官以及动物骨骼肌的肌细胞等，在缺氧条件下也能进行无氧呼吸。一般来说，无氧呼吸最常利用的物质也是葡萄糖。

无氧呼吸（图5.25）的全过程可以概括为两个阶段，这两个阶段需要不同的酶催化，但都在细胞质基质中。

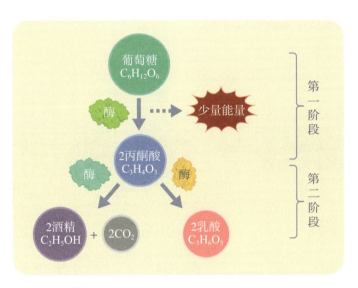

微件 细胞的无氧呼吸｜图 5.25

第一阶段与有氧呼吸的第一阶段完全相同，也就是糖酵解，1分子葡萄糖可以产生2分子丙酮酸；

第二阶段，丙酮酸在不同酶的催化下分解成酒精和二氧化碳，或者转化成乳酸。这一阶段不产生能量。无氧呼吸反应式如下：

$$C_6H_{12}O_6 \xrightarrow{\text{酶}} 2C_2H_5OH（酒精）+2CO_2+少量能量$$

或

$$C_6H_{12}O_6 \xrightarrow{\text{酶}} 2C_3H_6O_3（乳酸）+少量能量$$

酵母菌、乳酸菌等微生物的无氧呼吸属于无氧发酵，产生酒精的为酒精发酵，产生乳酸的为乳酸发酵。产生酒精的细胞有植物细胞、酵母菌等，产生乳酸的细胞有动物细胞、乳酸菌、马铃薯的块茎、甜菜的块根、玉米的胚等。

有氧呼吸和无氧呼吸的第一阶段完全相同，只是从丙酮酸开始，二者才分别沿着不同的途径形成了不同的产物（图5.26）。

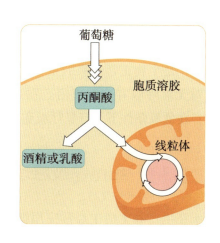

有氧呼吸和无氧呼吸的联系 | 图 5.26

5.3.2 影响细胞呼吸的因素

影响细胞呼吸的外界因素主要有温度（图5.27）、O_2浓度（图5.28）以及水分的含量等。温度之所以能够影响细胞呼吸，主要是因为它能够影响与细胞呼吸有关的酶的活性。

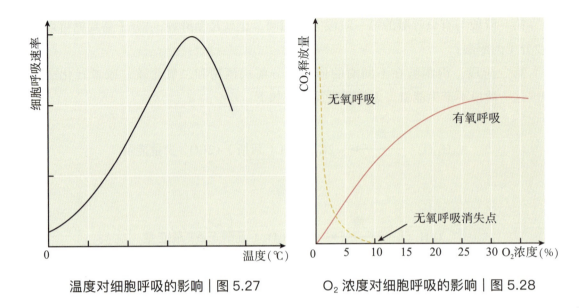

温度对细胞呼吸的影响 | 图 5.27　　　　　O_2 浓度对细胞呼吸的影响 | 图 5.28

O_2 是生物正常呼吸的重要因素。O_2 含量的多少直接影响呼吸速率和呼吸性质。O_2 对无氧呼吸有抑制作用。在一定范围内,有氧呼吸的强度随 O_2 浓度的升高而增强;在低氧条件下,有氧呼吸和无氧呼吸都能进行。

5.3.3　细胞呼吸原理的应用

在生产和生活中经常应用细胞呼吸的原理。例如包扎伤口时,选用透气的消毒纱布或松软的创可贴(图5.29),目的是防止厌氧微生物的滋生,破伤风便是由只能进行无氧呼吸的破伤风芽孢杆菌引起的。

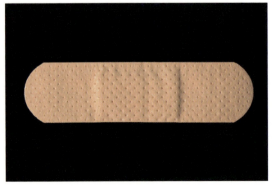

透性纱布(左)和创可贴(右) | 图 5.29

利用麦芽、水果、粮食和酵母菌以及发酵罐等，在控制通气的情况下，可以生产各种酒（图5.30）；利用淀粉、醋酸杆菌或谷氨酸棒状杆菌以及发酵罐，在控制通气的情况下，可以生产食醋或味精。

发酵罐（左）和酒饮品（右） | 图 5.30

稻田要松土，就是为了及时给植物根系补充氧气。稻田需要定期排积水（图5.31），则是因为植物根系无氧呼吸产生的酒精对植物细胞有损伤。

稻田积水 | 图 5.31

近些年来，有氧运动（图5.32）越来越被提倡，这是因为剧烈运动会导致氧气不足，而使肌细胞因无氧呼吸产生大量乳酸。乳酸的大量积累会使得肌肉酸胀乏力。

有氧运动 | 图 5.32

拓 展

呼吸商

呼吸商（简称RQ）是生物体在同一时间内释放二氧化碳与吸收氧气的体积之比或摩尔数之比，不同的呼吸底物有不同的呼吸商。以酵母菌消耗葡萄糖为例，$RQ=1$ 时，只有有氧呼吸；$4/3>RQ>1$ 时，有氧呼吸消耗葡萄糖的速率大于无氧呼吸；$RQ=4/3$ 时，有氧呼吸消耗葡萄糖的速率等于无氧呼吸；$RQ>4/3$ 时，有氧呼吸消耗葡萄糖的速率小于无氧呼吸。

如果只考虑有氧呼吸，以油酸或一般脂肪酸作为底物，RQ 约为 0.71；以蛋白质作为底物，RQ 约为 0.80。利用测得的 RQ 值，可以大致判断细胞是在利用何种物质作为呼吸作用的底物。脂肪的 RQ 值最小，这表明它所含的化学能最多，最适宜作为细胞或生物体储存能量的营养物。

习题 Exercises

1. 下图表示呼吸作用过程中葡萄糖分解的两个途径。酶1、酶2和酶3依次分别存在于（　　）中。
   A. 线粒体、线粒体和细胞质基质
   B. 线粒体、细胞质基质和线粒体
   C. 细胞质基质、线粒体和细胞质基质
   D. 细胞质基质、细胞质基质和线粒体

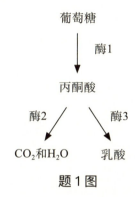

题1图

2. 下列关于生物体中细胞呼吸的叙述，错误的是（　　）。
   A. 植物在黑暗中既可进行有氧呼吸，也可进行无氧呼吸
   B. 食物链上传递的能量有一部分通过细胞呼吸散失
   C. 有氧呼吸和无氧呼吸的产物分别是葡萄糖和乳酸
   D. 植物的光合作用和呼吸作用过程中都可以合成ATP

3. 为探究酵母菌的呼吸方式，在连通CO_2和O_2传感器的100 mL锥形瓶中加入40 mL活化酵母菌和60 mL葡萄糖培养液，密封后在最适温度下培养。培养液中O_2和CO_2的相对含量变化如下图所示，则下列有关分析错误的是（　　）。
   A. $t_1 \rightarrow t_2$时，酵母菌的有氧呼吸速率不断下降
   B. t_3时培养液中葡萄糖的消耗速率比t_1时快
   C. 若降低10 ℃培养，则O_2相对含量达到稳定所需时间会缩短
   D. 实验后的培养液滤液加入适量酸性重铬酸钾溶液后会变成灰绿色

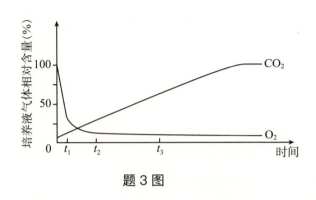

题 3 图

4. 某豆科植物种子萌发过程中CO_2释放和O_2吸收速率的变化趋势如图所示。请据图回答问题：

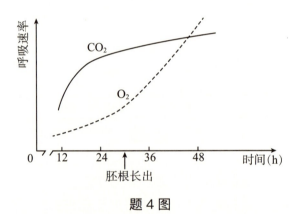

题 4 图

（1）在12~24 h期间，呼吸速率逐渐增强，其间呼吸作用的主要方式是_____呼吸，其产物是_____。

（2）从第12 h到胚根长出期间，萌发种子的干物质总量会_____，主要原因是_____。

（3）胚根长出后，萌发种子的_____呼吸速率明显升高。

5.4 光合作用

绿色植物等生物通过光合作用将水和二氧化碳转变为有机物，并放出氧气。光合作用是自然界将光能转化为化学能的主要途径，其实质是合成有机物，储存能量。

5.4.1 光合作用的发现

2000多年前，亚里士多德（Aristotle，公元前384~前322）（图5.33）认为：构成植物体的原料是土壤，植物增加的重量等于土壤减少的重量。

亚里士多德｜图5.33

1648年，比利时医生赫尔蒙特（J. B. Van Helmont，1597~1644）用柳树做称重实验（图5.34），他每天只用纯净的雨水浇灌树苗。为防止灰尘落入，他还专门制作了桶盖。五年以后，柳树增重80 kg，而土壤却只减少了0.06 kg。由此赫尔蒙特提出：柳树生长所需的物质不是来自土壤，而是来自水。

五年后,柳树增重80 kg,土壤只减少了0.06 kg

赫尔蒙特实验 | 图5.34

普利斯特利 | 图5.35

1771年,英国牧师兼化学家普利斯特利(J. Priestley,1733~1804)(图5.35)通过实验(图5.36)证实,植物可以更新因蜡烛燃烧或小白鼠呼吸而变得"污浊"的空气。但是他没有发现光在植物更新空气中的作用,而是将空气的更新归因于植物的生长。当时有人重复普利斯特利的实验,却得到完全相反的结论,便认为植物和动物一样,能使空气变污浊。

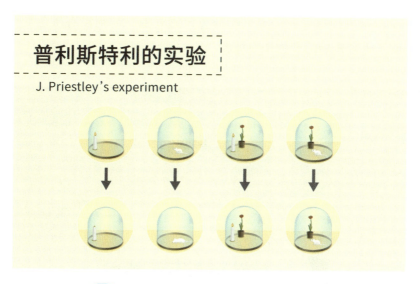

微件 普利斯特利的实验 | 图5.36

1779年，荷兰医生英格豪斯（J. Ingenhousz，1733~1799）做了500多次植物更新空气的实验，结果发现：普利斯特利的实验只有在阳光照射下才能成功；绿色植物只有在光照下才能更新浑浊的空气。

1782年，瑞士牧师塞尼比尔（J. Senebier，1742~1809）通过实验发现在煮沸过的水中放入绿叶时，即使光照充足也不能收集到氧气。只有在水中通入二氧化碳后，才能看到气泡。于是，塞尼比尔得出结论：光和二氧化碳是植物释放氧气所必需的；氧气来自二氧化碳。

直到1785年空气的组成被发现，人们才明确绿叶在光照下放出的气体是氧气，吸收的是二氧化碳。

1845年，德国科学家梅耶（R. Mayer，1814~1878）根据能量转化与守恒定律明确提出，植物在进行光合作用时把光能转换成化学能储存起来。

1864年，德国植物学家萨克斯（J. von Sachs，1832~1897）（图5.37）做了一个实验（图5.38）：将绿叶先在暗处放置几小时，消耗掉叶片中的营养物质。然后，他采用"半叶法"让叶片一半曝光，另一半遮光。一段时间后，酒精脱色，再用碘蒸气

萨克斯 | 图5.37

处理这片叶子。他发现曝光的一半呈深蓝色，遮光的一半则没有颜色变化。这一实验成功地证明了光合作用的产物中有淀粉。

▶ 视频　证明光合作用产生淀粉的实验｜图 5.38

1880年，美国科学家恩格尔曼（G. Engelmann，1809~1884）把载有水绵和好氧菌的临时装片放在无空气的黑暗环境中，然后用极细的光束照射水绵。他发现细菌只向叶绿体被光束照射到的部位集中，这说明那里有氧气放出。如果临时装片暴露在光下，细菌则分布在叶绿体所有的受光部位。

恩格尔曼通过实验（图5.39）得出结论：氧气由叶绿体释放出来，叶绿体是绿色植物进行光合作用的场所。

恩格尔曼实验方法的巧妙之处在于：水绵的叶绿体呈螺旋式带状，便于观察，用好氧细菌可以确定释放氧气多的部位；没有空气的黑暗环境排除了氧气和光的干扰；用极细的光束照射，形成了对照实验，叶绿体上有光的部位与无光的部位可形成对比，叶绿体上光照多的部位与光照少的部位也可形成对比。

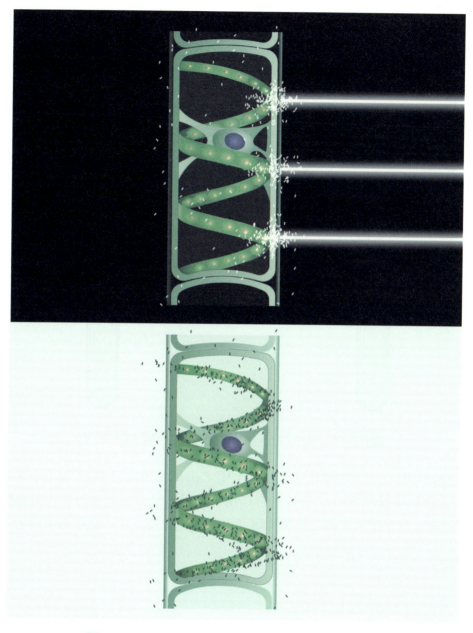

微件　恩格尔曼光合作用的实验探究｜图5.39

1937年，英国科学家希尔（R. Hill，1899~1991）用离体的叶绿体做实验，他将离体的叶绿体加到氢受体的水溶液中，在无二氧化碳的条件下给予光照，发现叶绿体中有氧气放出。

1939年，美国科学家鲁宾（S. Ruben，1913~1943）和卡门（M. Kamen，

1913~2002)利用同位素标记法将H_2O和CO_2标记为$H_2^{18}O$和$C^{18}O_2$进行实验(图5.40):第一组向植物提供H_2O和$C^{18}O_2$;第二组向同种植物提供$H_2^{18}O$和CO_2。在其他条件相同的情况下,发现第一组释放的氧气全部是O_2,第二组释放的氧气全部是$^{18}O_2$。这一实验有力地证明了光合作用释放的氧气来自水。

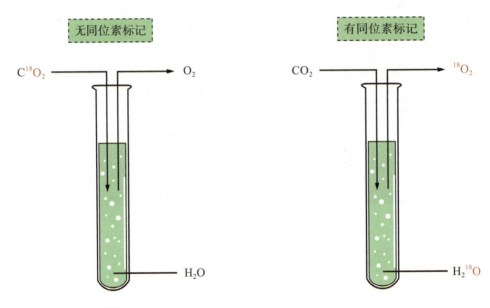

视频 鲁宾和卡门的同位素标记实验 | 图5.40

20世纪40年代,美国科学家卡尔文(M. Calvin,1911~1997)等用小球藻做实验:首先供给小球藻$^{14}CO_2$,进行光合作用,然后追踪检测其放射性,最终探明了CO_2中的碳在光合作用下转化成有机物过程中碳的途径,这一途径后来称为卡尔文循环。

5.4.2 捕获光能的色素

高等植物的光合作用在叶绿体(图5.41,图5.42)中进行,叶绿体中含有与光合作用有关的色素。在光学显微镜下观察,水稻、柑橘等被子植物的叶绿体一般呈扁平的椭球形或球形,具有双层膜结构,内部有许多基粒,每个基粒都由一个个圆饼状的囊状结构堆叠而成。这些囊状结构称为类囊体。吸收光能的四种色素就分布在类囊体的薄膜上。

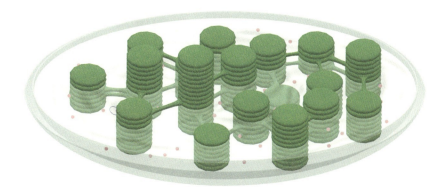

:eye: AR　叶绿体｜图 5.41

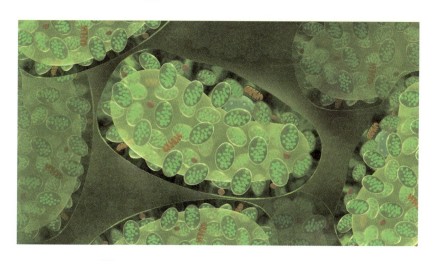

:point_up: 微件　植物叶片中的叶绿体｜图 5.42

　　光合色素可分为三类：叶绿素、类胡萝卜素和藻胆素。绿叶和多数藻类含有叶绿素和类胡萝卜素，叶绿素是光合作用中吸收光能的主要色素，包括蓝绿色的叶绿素a和黄绿色的叶绿素b；类胡萝卜素是光合作用的辅助色素，其中最重要的是橙黄色的胡萝卜素和黄色的叶黄素（图5.43）；藻胆素仅存在于一些细菌和藻类中，像蓝细菌中就含有藻胆素中的藻蓝素。

第 5 章　细胞的能量来源和转换

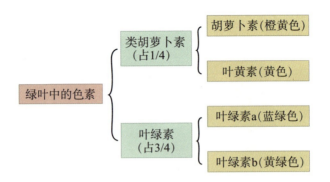

绿叶中的色素｜图 5.43

叶绿体中的色素可溶于有机溶剂中，不同的色素在层析液中的溶解度不同，溶解度大的色素随层析液在滤纸上扩散得快；溶解度小的色素随层析液在滤纸上扩散得慢。这样，叶绿体中的色素就在扩散过程中分离出来了。

如图5.44所示，色素扩散后最终在滤纸条上可观察到4条色素带，由上至下分别是胡萝卜素、叶黄素、叶绿素a、叶绿素b。通过对比颜色和宽窄度，可以知道叶绿素a和叶绿素b的含量高于胡萝卜素和叶黄素。

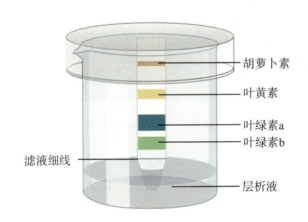

色素随层析液的扩散｜图 5.44

将绿叶中的4种色素溶液分别放在阳光和三棱镜之间，从连续光谱中可以看到不同波长的光被吸收的情况。

从叶绿素和类胡萝卜素的吸收光谱（图5.45）来看，叶绿素主要吸收蓝紫光和红光，类胡萝卜素几乎不吸收红光，主要吸收蓝紫光。在叶绿体中，叶绿素含量多，而叶绿素对绿光吸收最少，绿光被反射出来，所以叶片大多呈绿色。在秋天，气温下降使许多植物体内的叶绿素被降解，这时类胡萝卜素的颜色就开始呈现出来，叶片的颜色变成了漂亮的橙黄色、黄色（图5.46）等。

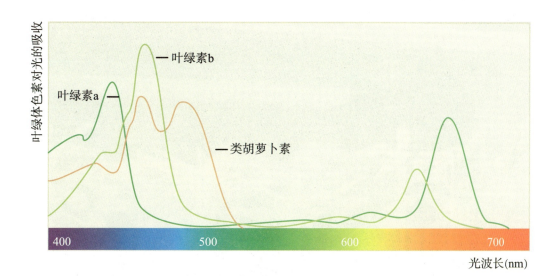

叶绿素和类胡萝卜素的吸收光谱｜图 5.45

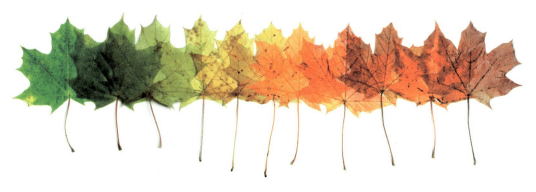

会变色的叶子｜图 5.46

根据叶绿体中色素对不同光的吸收情况，人们在大棚里种植蔬菜时，薄膜一般用透明的，这样太阳光中的各种可见光都可以到达植物。而有些蔬菜大棚内悬挂灯管时，为提高光的利用率，常常选用红色或蓝色灯管（图5.47）。

蔬菜大棚内的红色灯光｜图 5.47

5.4.3 光合作用的过程

光合作用的过程非常复杂，它包括一系列化学反应，根据是否需要光能，这些化学反应可以分为光反应（light reaction）阶段和碳反应（carbon reaction）阶段。

光反应阶段：这个阶段是在叶绿体的类囊体薄膜上进行的，必须有光的参与。

光合色素的作用是吸收、传递和转换光能。能够转换光能的是一小部分叶绿素a，称作反应中心色素，其他的色素称作天线色素。

光合色素吸收的光能有两个用途：一是将水分解成氧和[H]，氧直接以分子的形式释放出去，[H]则被传递到叶绿体基质中，作为活泼的还原剂参与到碳反应阶段的化学反应中去。这里的[H]也是一种十分简化的表示方式，不同于呼吸作用里提到的[H]，这一过程实际上是辅酶Ⅱ（$NADP^+$）与电子和质子（H^+）结合，形成还原型辅酶Ⅱ（NADPH）。二是在有关酶的催化作用下，促成ADP与Pi发生反应，形成ATP。

在光反应阶段，光能转换成电能，再转换成活跃的化学能。

碳反应阶段：也叫暗反应阶段，发生的场所是叶绿体基质，有没有光都可以。

由呼吸作用产生的二氧化碳和绿叶通过气孔从外界吸收的二氧化碳，与植物体内的一种五碳化合物（C_5）结合，这个过程叫作二氧化碳的固定。一个二氧化碳分子被一个C_5分子固定后，很快形成两个三碳化合物（C_3）分子。随后，在有关酶的催化作用下，一些C_3分子接收ATP释放的能量并且被[H]还原，逐步形成糖类；另一些C_3分子经过一系列的化学变化，又形成C_5分子，从而使得碳反应阶段的化学反应持续进行下去。

在碳反应阶段，活跃的化学能转换成了稳定的化学能。

在光合作用（图5.48）的过程中，光反应阶段与碳反应阶段既有区别又紧密联系，是缺一不可的整体。光合作用的过程可以用下面的化学反应来概括，其中（CH_2O）表示糖类。

$$CO_2 + H_2O \xrightarrow[\text{叶绿体}]{\text{光能}} (CH_2O) + O_2$$

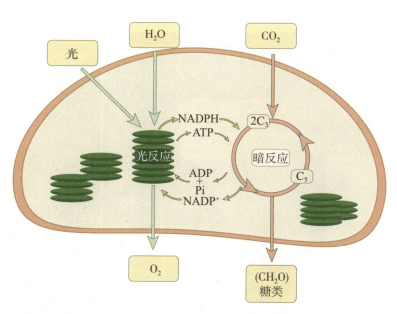

光合作用 | 图 5.48

5.4.4 光合作用原理的应用

植物在单位时间内通过光合作用制造糖类的数量称作光合作用强度，光合作用强度可以通过测定一定时间内原料消耗或产物生成的数量来定量表示。影响光合作用强度的因素比较多，例如空气中的二氧化碳浓度、土壤中的水分多少、光照的长短与强弱、光的成分以及温度的高低等。其中，光照强度（图5.49）、温度（图5.50）和二氧化碳浓度（图5.51）是影响光合作用强度的主要外界因素。

光合作用强度随着光照强度的增加而增加，但当光照强度达到一定程度时，光合作用强度达到最大，后续不会再增加。不同植物有光合作用的最适温度范围，过高或过低均会降低光合作用速率。大气中CO_2浓度在1%以内时，光合作用强度均会随着CO_2浓度的增加而增加，之后当CO_2浓度再增加时，由于受到细胞内酶数量及活性的影响，光合作用强度不再增加。

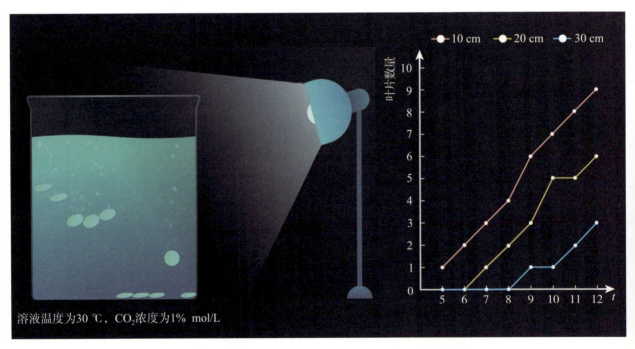

微件　探究光照强度对光合作用的影响｜图 5.49

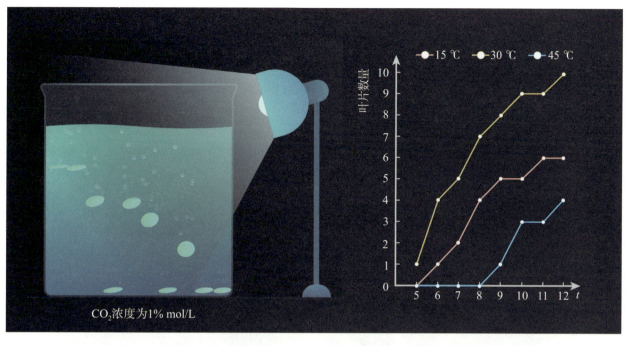

微件 探究温度对光合作用的影响 | 图 5.50

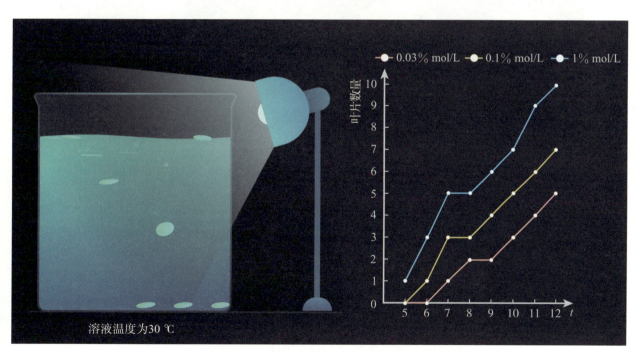

微件 探究二氧化碳浓度对光合作用的影响 | 图 5.51

在农业生产中，需要综合考虑以上多种因素对光合作用的影响，并采取合理措施，如合理密植（图5.52）、适当提高二氧化碳浓度、适时施肥浇灌、巧妙搭配四季种植作物等。光合作用是生物圈的原始生产力，它为生物圈带来了巨大财富，如果没有光合作用，地球上的生命将无法生存，因此深入研究光合作用机理，使之更好地服务于人类，是生命科学最重大的课题之一。

合理密植｜图 5.52

5.4.5 化能合成作用

绿色植物含有叶绿体，以二氧化碳和水为原料合成糖类，属于自养生物。极少数动物，如绿眼虫也含有叶绿体，白天时可以进行光合作用，白天和晚上都可以直接摄入周围的有机物。像蓝细菌这样的原核生物，虽然不含叶绿体，但含有叶绿素和藻蓝素，也可进行光合作用而获得有机物。人、动物、真菌以及大多数细菌的细胞中没有叶绿素，不能进行光合作用，只能利用环境中现成的有机物来维持自身的生命活动，属于异养生物。

自然界中少数种类的细菌，虽然其细胞内没有叶绿素，不能进行光合作用，但是能够利用体外环境中的某些无机物氧化时所释放的能量来制造有机物，这种合成作用叫作化能合成作用，这些细菌也属于自养生物，像硝化细菌、硫细菌、铁细菌。例如，生活在土壤中的硝化细菌不能利用光能，但是能将土壤中的氨（NH_3）氧化成亚硝酸（HNO_2），进而将亚硝酸氧化成硝酸（HNO_3）。硝化细菌能够利用这两个化学反应中释放的化学能，将二氧化碳和水合成糖类，这些糖类可供硝化细菌维持自身生命活动。

硝化细菌的化能合成作用如下：

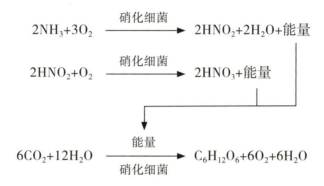

光合作用和化能合成作用本质上的区别是能量的来源不同。

拓　展

光呼吸

光呼吸是进行光合作用的细胞在光照和高氧低二氧化碳的情况下发生的一种生化过程（图5.53）。当然，并非所有进行光合作用的细胞都能有完整的光呼吸。它是光合作用一个损耗能量的副反应，光合作用吸收二氧化碳使植物体内的糖不断增多，光呼吸则在氧气的参与下消耗糖而释放二氧化碳。因此，降低光呼吸被认为是提高光合作用效率的途径之一。但是人们后来发现，光呼吸有着很重要的细胞保护作用。

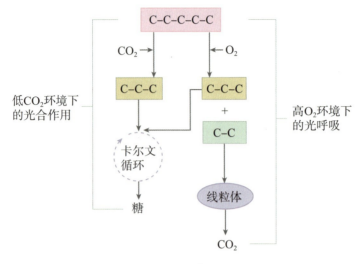

光呼吸的过程 | 图 5.53

光呼吸是细胞在Rubisco酶（核酮糖-1,5-二磷酸羧化酶/加氧酶）的催化下，消耗O_2，生成CO_2，借助叶绿体、线粒体等多种细胞器共同完成的可消耗过剩能量的反应。

C_4 植物

光合作用时，CO_2中的C直接转移到C_3的植物叫作C_3植物，绝大部分陆生植物是C_3植物，例如小麦、水稻、大麦、大豆、马铃薯、菜豆和菠菜等温带植物。

光合作用时，CO_2中的C首先转移到C_4（一种四碳化合物），然后转移到C_3的植物叫作C_4植物（图5.54），例如玉米、甘蔗、高粱等热带植物。C_4植物有特殊的适应特性，能够节省水和防止光呼吸。

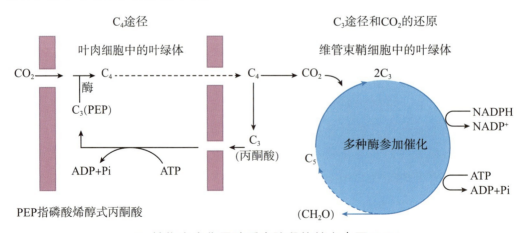

C_4 植物光合作用暗反应阶段的特点 | 图 5.54

C_3植物的叶片中维管束鞘细胞不含叶绿体,维管束鞘以外的叶肉细胞排列疏松,但都含有叶绿体。C_4植物的叶片中围绕着维管束的是呈"花环型"的两圈细胞:里面的一圈是维管束鞘细胞,外面的一圈是一部分叶肉细胞(图5.55)。

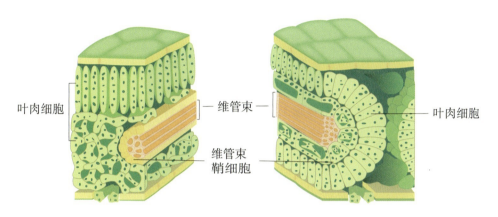

C_3植物和C_4植物的结构 | 图5.55

C_4植物适合在高温、干燥和强光的条件下生长。

还有一种固定CO_2和节省水的光合作用,像菠萝、仙人掌(图5.56)和许多肉质植物都进行这种类型的光合作用,这类植物统称为CAM植物。CAM植物特别适应干旱地区,其特点是气孔夜间开放、白天关闭。这种类型的生物因为光合作用效率不高,所以生长缓慢,可以在荒漠及酷热的条件下存活。

仙人掌 | 图5.56

习题 Exercises

1. 叶绿体内含多种色素，其中一种色素能接收其他色素所吸收的光能，该色素是（　　）。
   A. 叶黄素　　　　B. 胡萝卜素　　　　C. 叶绿素a　　　　D. 叶绿素b

2. 光反应在叶绿体类囊体薄膜上进行。在适宜条件下，向类囊体悬液中加入氧化还原指示剂DCIP，光照后DCIP由蓝色逐渐变为无色。该反应过程中（　　）。
   A. 需要ATP提供能量　　　　　　　B. DCIP被氧化
   C. 不需要光合色素参与　　　　　　D. 会产生氧气

3. 甲、乙两种植物净光合速率随光照强度的变化趋势如图所示。请据图回答下列问题：
   （1）当光照强度大于a时，甲、乙两种植物中，对光能的利用率较高的是_____。
   （2）甲、乙两种植物单独种植时，如果种植密度过大，那么净光合速率下降幅度较大的植物是_____，判断的依据是_____
   _____。
   （3）甲、乙两种植物中，更适合在林下种植的是_____。
   （4）某植物夏日晴天中午12:00时叶片的光合速率明显下降，其原因是进入叶肉细胞的_____（填"O_2"或"CO_2"）不足。

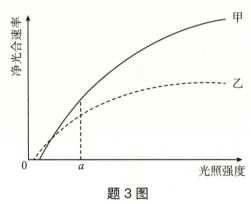

题 3 图

4. 植物的叶面积与产量关系密切，叶面积系数（单位土地面积上的叶面积总和）与植物群体光合速率、呼吸速率及干物质积累速率之间的关系如图所示，请据图回答下列问题：

（1）高等植物光合作用中捕获光能的物质分布在叶绿体的_____上，该物质主要捕获可见光中的_____。

（2）由图可知：当叶面积系数小于 a 时，随叶面积系数增加，群体光合速率和干物质积累速率均_____。当叶面积系数超过 b 时，群体干物质积累速率降低，其原因是_____。

（3）与阳生植物相比，阴生植物光合作用吸收与呼吸作用放出的 CO_2 量相等时所需要的光照强度_____（填"高"或"低"）。

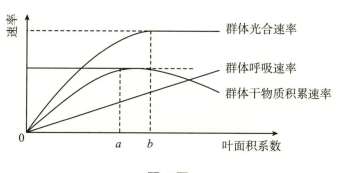

题 4 图

章末总结

知识图谱
Knowledge Graph

细胞的能量来源和转换
- 酶
- ATP
- 呼吸作用
- 光合作用

- 绝大多数酶是蛋白质
- 活性中心：与底物直接接触的部位
- 酶的特性
  - 高效性：大幅降低酶促反应活化能
  - 专一性：酶对底物有极强的选择性
  - 温和性：需要适宜的温度、pH等

- 组成：1分子腺嘌呤、1分子核糖、3分子磷酸
- 生物体内最直接的能量来源：$ADP+Pi+能量 \underset{酶2}{\overset{酶1}{\rightleftharpoons}} ATP$
- 合成：细胞呼吸、光合作用
- 用途：主动运输、发光发电、肌肉收缩、物质合成、大脑思考等

- 酵母菌
  - 有氧呼吸产生大量的二氧化碳和水
  - 无氧呼吸产生酒精和少量二氧化碳
- 有氧呼吸
  - 第一阶段：糖酵解
  - 第二阶段：柠檬酸循环
  - 第三阶段：电子传递链
- 无氧呼吸
  - 第一阶段：糖酵解，与有氧呼吸相同
  - 第二阶段：丙酮酸分解
- 影响因素：温度、氧气、二氧化碳含量等

- 捕获光能的色素
  - 占3/4，叶绿素a和叶绿素b
  - 占1/4，胡萝卜素和叶黄素
- 过程
  - 光反应阶段
  - 暗反应阶段
- 应用：综合考虑光照强度、温度、二氧化碳浓度等因素，采取综合措施，提高光合作用强度

第5章 细胞的能量来源和转换

迁移应用 Migrating Applications

1. 若除酶外所有试剂均已预保温，则在测定酶活力的实验中，下列操作顺序合理的是（　　）。
   A. 加入酶→加入底物→加入缓冲液→保温并计时→一段时间后检测产物的量
   B. 加入底物→加入酶→计时→加入缓冲液→保温→一段时间后检测产物的量
   C. 加入缓冲液→加入底物→加入酶→保温并计时→一段时间后检测产物的量
   D. 加入底物→计时→加入酶→加入缓冲液→保温并计时→一段时间后检测产物的量

2. 下列关于酶的叙述，正确的是（　　）。
   A. 发烧时，食欲减退是因为唾液淀粉酶失去了活性
   B. 口服多酶片中的胰蛋白酶可在小肠中发挥作用
   C. 用果胶酶澄清果汁时，温度越低澄清速度越快
   D. 洗衣时，加少许白醋能增强加酶洗衣粉中酶的活性

3. 1 个葡萄糖分子有氧呼吸释放的能量为 m，其中 40% 用于 ADP 转化为 ATP。若 1 个 ATP 水解释放的能量为 n，则 1 个葡萄糖分子在有氧呼吸中产生的 ATP 分子数为（　　）。
   A. $2n/(5m)$　　　B. $2m/(5n)$　　　C. $n/(5m)$　　　D. $m/(5n)$

4. 人骨骼肌内的白肌细胞含少量线粒体，适合无氧呼吸，进行剧烈运动。白肌细胞内葡萄糖氧化分解的产物有（　　）。
   ① 酒精　　② 乳酸　　③ CO_2　　④ H_2O　　⑤ ATP
   A. ①③⑤　　　　　　　　　　　B. ②④⑤
   C. ①③④⑤　　　　　　　　　　D. ②③④⑤

5. 下图为"探究酵母菌的呼吸方式"的实验装置，下列有关叙述正确的是（　　）。
   A. 该实验甲组为实验组，乙组为对照组
   B. 若向 B 瓶和 D 瓶中加入酸性重铬酸钾溶液，则 D 瓶内的溶液会变黄
   C. 可根据溴麝香草酚蓝水溶液变黄的时间长短来检测 CO_2 的产生速率
   D. 若 C 瓶和 E 瓶中溶液都变浑浊，则不能据此判断酵母菌的呼吸方式

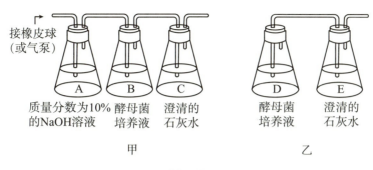

题 5 图

6. 在光合作用中,RuBP 羧化酶能催化 CO_2+C_5(即 RuBP)$\rightarrow 2C_3$。为测定 RuBP 羧化酶的活性,某学习小组从菠菜叶中提取该酶,用其催化 C_5 与 $^{14}CO_2$ 的反应,并检测产物 $^{14}C_3$ 的放射性强度。下列分析错误的是(　　)。

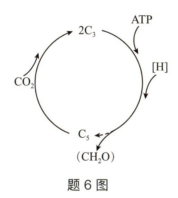

题 6 图

A. 菠菜叶肉细胞内 RuBP 羧化酶催化上述反应的场所是叶绿体基质

B. RuBP 羧化酶催化的上述反应需要在无光条件下进行

C. 测定 RuBP 羧化酶活性的过程中运用了同位素标记法

D. 单位时间内 $^{14}C_3$ 生成量越多,说明 RuBP 羧化酶活性越高

7. 某植物光合作用、呼吸作用与温度的关系如图所示。据此,对该植物生理特性理解错误的是(　　)。

A. 呼吸作用的最适温度比光合作用的高

B. 净光合作用的最适温度约为 25 ℃

C. 在 0~25 ℃范围内,温度变化对光合速率的影响比对呼吸速率的影响大

D. 适合该植物生长的温度范围是 10~50 ℃

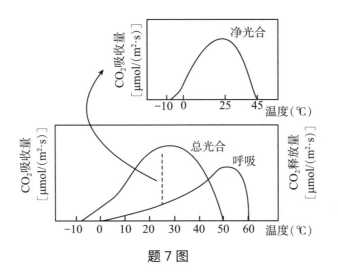

题 7 图

8. 为了研究温度对某种酶活性的影响，设置三个实验组：A 组（20 ℃）、B 组（40 ℃）和 C 组（60 ℃）。测定各组在不同反应时间内的产物浓度（其他条件相同），结果如图所示。请据图回答下列问题：

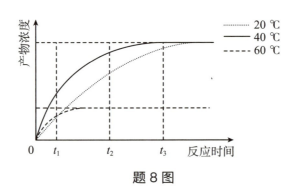

题 8 图

（1）三个温度条件下，该酶活性最高的是_____组。
（2）在时间 t_1 之前，如果 A 组温度提高 10 ℃，那么 A 组酶催化反应的速度会_____。
（3）如果在时间 t_2 向 C 组反应体系中增加 2 倍量的底物，其他条件保持不变，那么在时间 t_3 C 组产物总量会_____，原因是_____
_____。
（4）生物体内酶的化学本质是_____，其特性有_____
_____（答出两点即可）。

9. 下图是某植物叶肉细胞光合作用和呼吸作用的示意图。请据图回答下列问题：

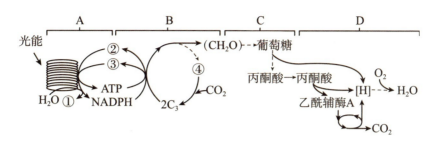

题9图

（1）图中①、②、③、④代表的物质依次是_____、_____、_____、_____，[H]代表的物质主要是_____。
（2）B代表一种反应过程，C代表细胞质基质，D代表线粒体，则ATP合成除发生在A过程外，还发生在_____（填"B和C"、"C和D"或"B和D"）中。
（3）C中的丙酮酸可以转化成酒精，出现这种情况的原因是_____
_____。

10. 请据图回答下列有关光合作用的问题：

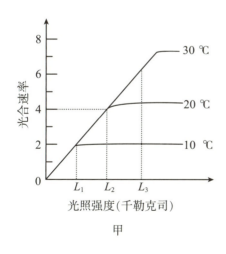 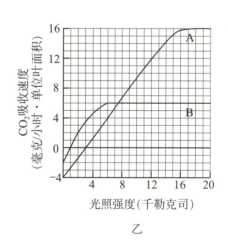

题10图

（1）光合作用受到温度、二氧化碳浓度和光照强度的影响。其中，光照强度直接影响光合作用的_____过程；二氧化碳浓度直接影响光合作用的_____过程。

（2）甲图表示在二氧化碳充足的条件下，某植物光合速率与光照强度和温度的关系。当温度为 10 ℃、光照强度大于_____千勒克司时，光合速率不再增加。当温度为 30 ℃、光照强度小于 L_3 千勒克司时，光合速率的限制因素是_____。

（3）乙图表示 A、B 两种植物的光合速率与光照强度的关系。

① 在_____千勒克司光照强度条件下，A、B 两种植物的光合速率相同。

② A 植物在光照强度为 9 千勒克司时，2 小时单位叶面积可积累葡萄糖_____毫克。（计算结果保留一位小数，C、H 和 O 的相对原子质量分别为 12、1、16。）

③ A 植物在 1 天内（12 小时白天和 12 小时黑夜）要使有机物积累量为正值，白天平均光照强度必须大于_____千勒克司。

第 6 章 细胞的生命历程

生物体的细胞是从哪里来的呢？细胞学说建立以后，施莱登和施旺推测新细胞可以从老细胞中产生，当时由于没有科学依据，受到了一些人的质疑。

1841年，德国胚胎学家雷马克（R. Remak，1815~1865）在研究小鸡的胚胎发育时，发现血细胞来自已存在的细胞，并按照一个细胞分裂成两个新细胞的比例增加（后被发现是无丝分裂）。

1844年，德国植物学家耐格里（K. Nageli，1817~1891）以水藻为实验材料，通过显微镜观察，发现新细胞的产生原来是细胞分裂的结果。还有一些学者观察到了受精卵的分裂。在此基础上，1858年，德国病理学家魏尔肖总结出"细胞通过分裂产生新细胞"。在论文中，他提出了"一切细胞都来自于先前存在的细胞"。这被认为是对细胞学说的重要补充。

细胞像生物体一样，也要经历出生、生长、成熟、繁殖、衰老直至最后死亡的生命过程。细胞的生命历程大都短暂，但对个体的生命都有一份贡献。

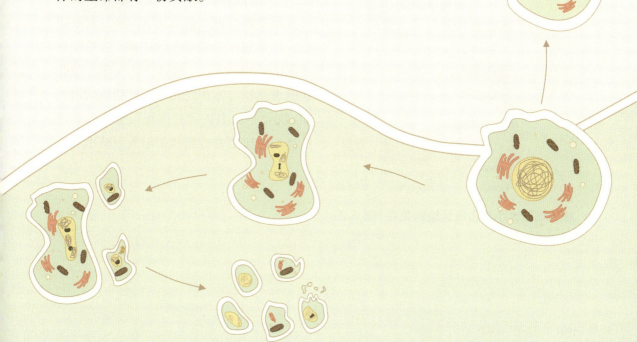

6.1 细胞的增殖

不同动植物的同类器官或组织，细胞大小一般无明显差异，器官大小主要取决于细胞数量的多少。例如大象和老鼠（图6.1）的个体大小差异很大，但组成各自心脏的细胞大小相差无几，仅是组成心脏的细胞的数目差异。那么，细胞为什么不能无限长大呢？

大象和老鼠｜图6.1

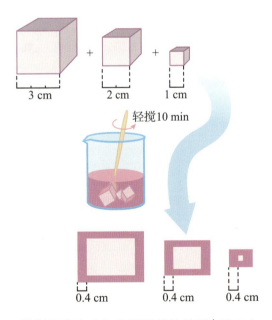

模拟细胞大小与物质运输的关系｜图6.2

NaOH遇酚酞呈紫红色，将边长分别为3 cm、2 cm、1 cm的含酚酞的立方体琼脂块放入含有NaOH溶液的烧杯内（图6.2），淹没并浸泡10 min，之后将其取出并用塑料刀将琼脂块切成两半，观察切面，测量每一琼脂块上NaOH扩散的深度（图6.3，图6.4）。通过计算发现：琼脂块的表面积与体积之比随着琼脂块的增大而减小，NaOH扩散的体积与整个琼脂块的体积之比随着琼脂块的增大而减小。

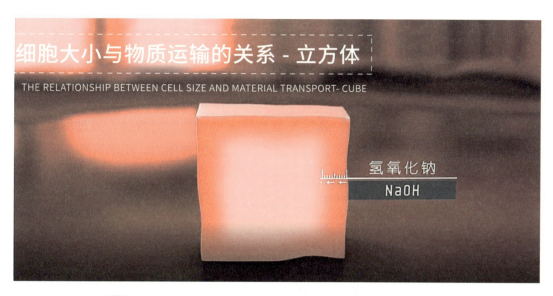

视频　细胞大小与物质运输的关系（立方体）| 图 6.3

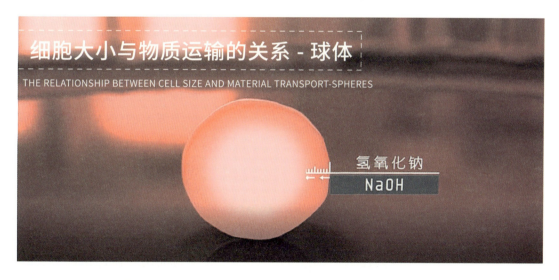

视频　细胞大小与物质运输的关系（球体）| 图 6.4

通过这个模拟实验可以看出，细胞的体积越大，其相对表面积（琼脂块表面积与体积的比值）越小，细胞物质运输的效率（NaOH扩散的体积与整个琼脂块的体积的比值）就越低。细胞表面积与体积的关系限制了细胞的大小。另外，细胞核是细胞的控制中心，一般细胞核中的DNA是不会随着细胞体积的扩大而增加的，如果细胞太大，细胞核的"负担"就会过重。所以细胞核控制范围也是细胞不能无限长大的限制因素。

6.1.1 细胞以分裂的方式进行增殖

对于单细胞生物，如草履虫，通过细胞分裂而繁衍后代。对于多细胞的生物体，通常是由一个受精卵开始，通过细胞分裂来增加细胞的数目，通过细胞分化来增加细胞的种类，从而完成个体的生长发育。在生物体内，不断有细胞衰老死亡，也需要通过细胞分裂产生新的体细胞进行补充，如人体内每毫升血液中每天有4万~5万个血细胞被更新。因此，细胞增殖是重要的细胞生命活动，是生命的重要特征之一。

真核细胞的分裂方式有三种：有丝分裂（mitosis）、无丝分裂（amitosis）、减数分裂（meiosis）。有丝分裂是真核生物增殖体细胞的主要方式，减数分裂则与真核生物产生生殖细胞有关。

6.1.2 有丝分裂

科学家采用放射性同位素标记法，用 ^{32}P 标记蚕豆根尖细胞的DNA，观察细胞有丝分裂的过程，发现细胞增殖具有一定的周期性。细胞周期（cell cycle）是指连续分裂的细胞，从一次分裂完成时开始，到下一次分裂完成时为止所经历的整个过程。一个细胞周期包括两个阶段：分裂间期（interphase）和分裂期（mitotic phase），如图6.5所示。

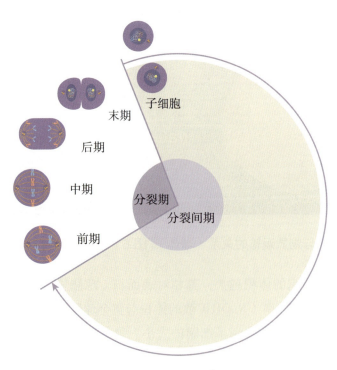

有丝分裂的细胞周期 | 图 6.5

在一个细胞周期中，分裂间期占90%~95%，分裂期占5%~10%。细胞种类不同，细胞周期的长短也有差异（表6.1）。

不同细胞的细胞周期持续时间 | 表 6.1

细胞类型	分裂间期（h）	分裂期（h）	细胞周期（h）
蚕豆根尖分生区细胞	15.3	2.0	17.3
小鼠十二指肠上皮细胞	13.5	1.8	15.3
人的干细胞	21	1	22
人的宫颈癌细胞	20.5	1.5	22

分裂期是通过细胞分裂形成两个子细胞的阶段，是一个连续的过程，在分裂期的细胞内可以看到不同形态特征的染色体（图6.6），通常根据染色体的变化特点，人为地将分裂期分为前期、中期、后期、末期四个时期。事实上，细胞分裂是一个连续的过程，这几个时期之间并没有明显的界限。现以高等植物细胞为例介绍有丝分裂的过程（图6.7，图6.8）。

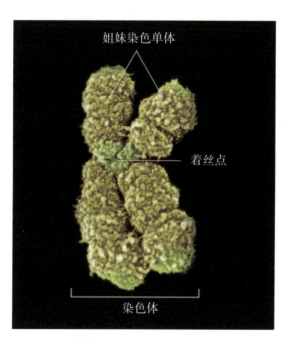

AR 染色体 | 图 6.6

有丝分裂 Mitosis

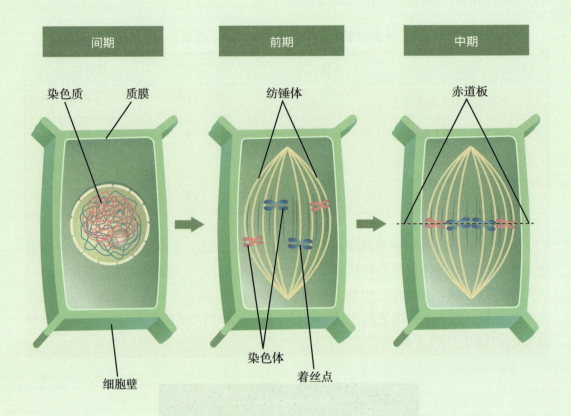

Interphase

分裂间期是生长期,是物质准备和积累的阶段,其中最重要的物质准备是完成DNA分子的复制和有关蛋白质的合成,即染色体进行复制。

Prophase

分裂间期复制的染色质由丝状缩短变粗,逐渐形成在光学显微镜下明显可见的染色体。由于间期的复制,每条染色体均含有两条姐妹染色单体,由一个共同的着丝点(centromere)相连接。核膜和核仁逐渐消失。从细胞两极发出许多放射状排列的纺锤丝(spindle fibers),形成一个梭形的纺锤体(spindle)。染色体散乱分布在纺锤体的中央。

Metaphase

每条染色体的着丝点部位都与纺锤丝相连,纺锤丝牵引着染色体移动,使每条染色体的着丝点排列在细胞中央的一个平面上,这个平面与纺锤体的中轴相垂直,类似于地球上赤道的位置,因此称为赤道板(赤道板是假想的,实际是不存在的)。中期的染色体形态数目比较清晰,便于观察,因此适于做染色体的形态、结构和数目的研究,也适于核型分析。

植物细胞有丝分裂的过程 | 图 6.7

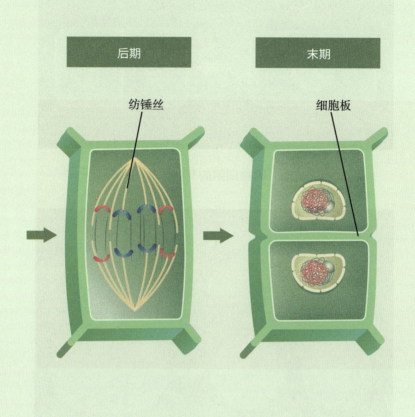

Anaphase

  着丝点一分为二，姐妹染色单体分开成为两条子染色体，这时染色体的数目加倍。它们在纺锤丝的牵引下分别向细胞的两极移动，形成两组形态结构和数目相同的染色体。原来的一套染色体已经变成了完全相同的两套染色体。

Telophase

  当两套染色体分别到达细胞的两极后，染色体解螺旋，重新恢复染色质状态。同时，纺锤丝逐渐消失，出现新的核膜和核仁。核膜把染色体包围起来，形成两个新的细胞核。新产生的细胞核与原来的细胞核相同。在植物细胞的赤道板位置上出现细胞板，细胞板由细胞中央向四周扩展，逐渐形成新的细胞壁，把细胞质完全分隔开。最后形成两个新的子细胞，原先的细胞不再存在。

植物细胞有丝分裂的过程 ｜ 图 6.7 (续)

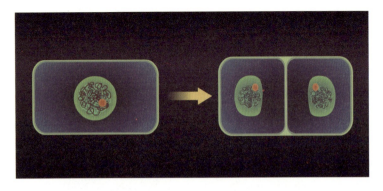

微件　植物细胞的有丝分裂｜图 6.8

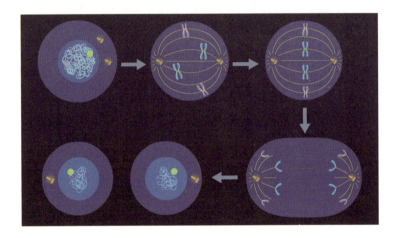

微件　动物细胞的有丝分裂｜图 6.9

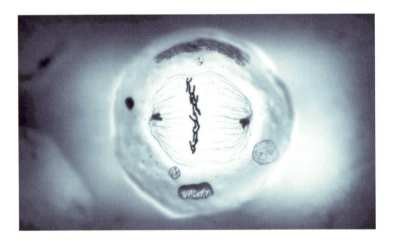

视频　有丝分裂｜图 6.10

动物细胞的有丝分裂（图6.9，图6.10）与植物细胞的基本相同。不同的特点是：第一，动物和低等植物细胞具有中心体，一个中心体由两个垂直的中心粒组成，中心粒在间期倍增，成为两组。第二，两组中心粒于分裂前期分开，并向两极移动，在两组中心粒周围发出无数条放射状的星射线，这些星射线形成了纺锤体。第三，动物细胞分裂末期不形成细胞板，而是细胞膜从细胞的中部向内凹陷，形成环沟（图6.11），环沟逐渐加深把细胞缢裂成两部分，每部分都含有一个细胞核，这样，一个细胞就分裂成了两个子细胞。

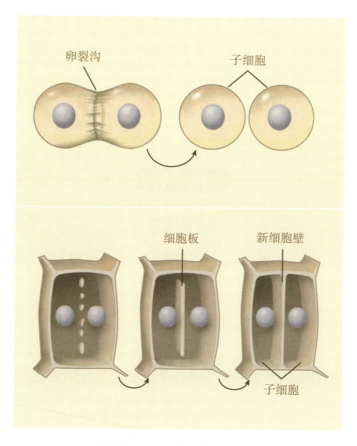

细胞凹陷和细胞板 | 图 6.11

细胞有丝分裂的重要意义是将亲代细胞的染色体经过复制后，精确地平均分配到两个子细胞中，由于染色体上有遗传物质，因而在生物的亲代细胞和子代细胞之间保证了遗传性状的稳定性。

6.1.3 无丝分裂

无丝分裂是最早发现的分裂方式。因为分裂时，细胞内没有出现纺锤丝和染色体的变化，所以叫作无丝分裂。无丝分裂过程相对简单，一般是细胞核先延长，核从中部缢裂成两个子细胞核，接着整个细胞也从中部缢裂成两个子细胞。

无丝分裂在植物中普遍存在，在动物中也很常见，如蛙的红细胞（图6.12）、蚕的睾丸上皮细胞、人体的部分肝细胞等。

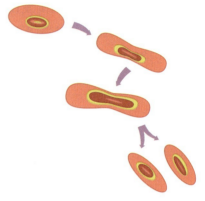

蛙的红细胞的无丝分裂 | 图 6.12

拓　展

分裂间期

分裂间期包括合成（synthesis）期（简称S期）和合成期前后的两个间隙（gap）期（简称G_1和G_2）（图6.13）。

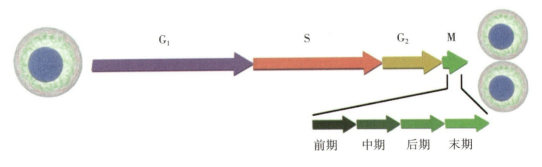

有丝分裂时期的划分 | 图 6.13

G_1期主要进行RNA和蛋白质的生物合成，并且为下阶段S期的DNA合成做准备。动物细胞的两个中心粒也彼此分离并开始复制。

S期最主要的特征是DNA的复制（DNA的数目加倍）。

G_2期又叫作"有丝分裂的准备期"，因为它主要为后面的分裂期（M期）做准备。一些RNA和蛋白质的合成，特别是微管蛋白的合成，为分裂期纺锤体的组装提供原料。在G_2期中心粒完成复制，形成两对中心粒。

进入G_1期的细胞，从增殖的角度可分为三类：

01 持续分裂细胞

继续进行增殖。一直处于细胞周期中，由一次有丝分裂再到下一次有丝分裂。如植物分生组织细胞、上皮组织的基底层细胞、部分骨髓造血干细胞、胃肠道黏膜细胞等。

02 休眠期细胞

暂时脱离细胞周期，不进行增殖，去执行一定的生物学功能，但始终保持分裂能力。当给予适度的刺激后，可以重新进入周期开始分裂。如肝、肾细胞，它们平时保持分化状态，执行肝、肾功能，停留在G_1期。但当肝、肾受到损伤，细胞大量死亡需要补充时，它们又进入增殖周期。这些细胞又可称为G_0期细胞。

03 终端分化细胞

通常指那些不可逆地脱离细胞周期，丧失分裂能力，但保持生理机能活动的细胞。它们不再继续增殖，永远停留在G_1期直至死亡。如动物的神经细胞、肌肉细胞及成熟的红细胞等。

习题 Exercises

1. 细胞有丝分裂过程中DNA加倍、染色体加倍、细胞核加倍分别在（　　）。
   A. 间期、后期、末期　　　　　　B. 间期、前期、中期
   C. 中期、后期、末期　　　　　　D. 前期、中期、后期

2. 下图a→d表示连续分裂的两个细胞周期，则下列叙述错误的是（　　）。

题2图

   A. b和c为一个细胞周期　　　　　B. c和d为一个细胞周期
   C. DNA复制发生在a或c段　　　　D. 染色体平均分配发生在b或d段

3. 如图所示是某同学在观察洋葱根尖细胞有丝分裂时拍摄的显微镜片，则下列叙述正确的是（　　）。

   A. 甲细胞中每条染色体的着丝点排列在细胞板上
   B. 乙细胞中染色体被平均分配，移向细胞两极
   C. 甲和乙细胞中的染色体数目相等，DNA含量相同
   D. 统计图中处于分裂期的细胞数可计算细胞周期的长短

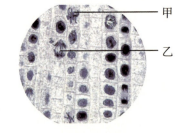

题3图

4. 动物细胞的有丝分裂过程与植物细胞明显不同的是（　　）（可选多项）。
   A. 间期有染色体的复制
   B. 后期有着丝点的分裂
   C. 中心粒周围出现星射线，形成纺锤体
   D. 后期到末期染色体平均分配到两个子细胞中
   E. 末期在细胞的中央不形成细胞板

6.2 细胞的分化

6.2.1 细胞分化的概念及意义

人体不同部位的细胞的形态、结构、功能可能存在差异。例如：红细胞呈双凹圆饼状，含有血红蛋白，有运输氧气的功能；神经细胞伸出长的突起，有传导神经冲动和储存信息的功能；肌肉细胞呈梭形，有收缩运动的功能。成人体内约有10^{13}个细胞，细胞类型多达200余种，但这么多种细胞最初都是来自于同一个受精卵。像这样，在个体发育中，由一个或一种细胞增殖产生的后代在形态结构和生理功能上发生稳定性差异的过程，就叫作细胞分化（cell differentiation）（图6.14）。细胞分化是一种稳定的、持久的、不可逆的变化，一般来说，分化的细胞将一直保持分化后的状态，直至衰老死亡。

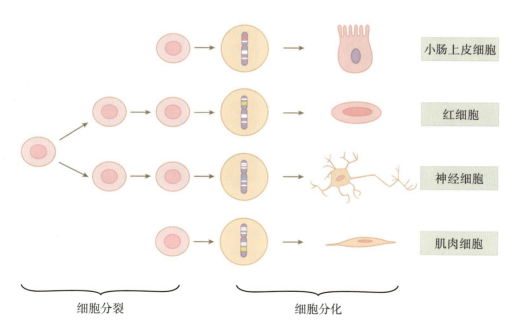

细胞分裂与细胞分化 | 图 6.14

细胞分裂使细胞的数量增加，是生物体不断生长的基础；而在细胞分裂的基础上进行的细胞分化，则使细胞的种类增加，形成不同的组织，进而形成器官、系统，因而细胞分化是生物体发育的基础。细胞分化是生物界中普遍存在的生命现象，多细胞生物体在生长发育过程中，如果仅仅有细胞的增殖，而没有细胞的分化，就不可能形成具有特定的形态、结构和功能的组织与器官（图6.15），生物体也就不可能正常发育。

形态各异的组织和器官 | 图 6.15

如同一场戏剧，所有演员使用相同的剧本，却扮演着不同的角色一样，就一个个体而言，各种细胞具有完全相同的遗传信息，却分化成具有特定功能的不同类型的细胞。这是由于个体发育中基因的选择性表达，例如血红蛋白基因存在于每个细胞中，但它只在红细胞内表达，在其他细胞内则处于关闭状态。

6.2.2 细胞的全能性

受精卵能分裂分化出各种细胞，并发育为完整的个体。分化的细胞中遗传物质并没有发生改变，那么是否能和受精卵细胞一样，具有发育成完整的生物个体的潜能呢？

1902年，德国植物学家哈伯兰特（G. Haberlandt，1845~1945）曾大胆预言离体的植物细胞能够发育成完整的植物体。1958年，美国植物学家斯图尔德（F. C. Steward，1904~1993）证实了哈伯兰特50多年前的预言是正确的。他选取了胡萝卜韧皮部的一些组织细胞，并放入含有植物激素、无机盐和糖类等物质的培养液中离体培养，结果这些细胞旺盛地分裂和生长，形成一个细胞团块，继而分化出根、茎和叶，移栽到花盆后长成了一株新的植株。具体如图6.16所示。

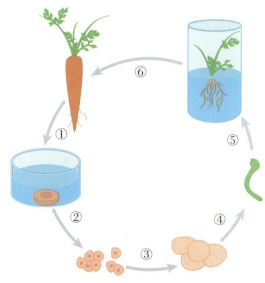

胡萝卜的组织培养发育过程 | 图 6.16

植物组织培养技术 | 图 6.17

这一事实证明，高度分化的植物细胞仍然具有发育成完整植株的能力，这就是细胞的全能性（totipotency）。细胞的全能性是指细胞经分裂和分化后，仍具有产生完整有机体或分化成其他各种细胞的潜能和特性。植物组织培养技术（图6.17）就是利用细胞的全能性快速繁殖花卉和蔬菜等作物，拯救珍稀濒危物种的新技术。

同植物组织培养相比,在动物中做类似的实验要复杂和困难得多。科学家曾用非洲爪蟾的蝌蚪做实验,将它的肠上皮细胞的核移植到去核的卵细胞中,结果获得了新的个体。这一实验证明了已分化的动物体细胞核也是具有全能性的。"多莉"羊的成功克隆(图6.18)也证明了细胞核的全能性。但是,到目前为止,人们还没有成功地将单个已分化的动物体细胞培养成新的个体。

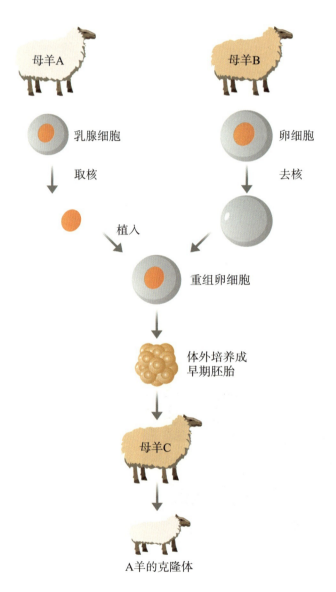

克隆羊"多莉"的诞生过程 | 图 6.18

动物和人体内有一些具有分裂和分化能力的细胞,这些细胞称为干细胞(stem cell)(图6.19)。根据分化潜能,可将干细胞分为三类:一是全能干细胞,例如受精卵,它能产生生物体所需要的所有类型的细胞,所以受精卵最后能发育成完整的生物体;二是多能干细胞,例如来源于早期胚胎的胚胎干细胞,它的分化能力仅次于受精卵,虽不能发育成完整的个体,但可以发育成除部分胎盘以外的所有成体组织;三是专能干细胞,例如主要存在于骨髓中的造血干细胞,能够分化成各种血细胞、红细胞、白细胞和血小板等,但不能分化成除造血系统以外的细胞。

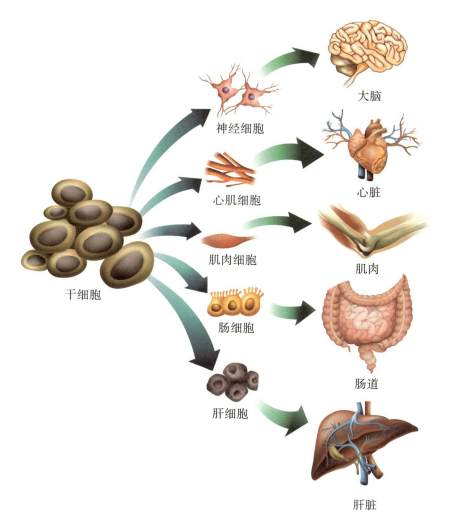

干细胞的分化 | 图 6.19

按照来源，可将干细胞分为胚胎干细胞和成体干细胞两大类，干细胞的一个显著特点是进行不对称分裂，即干细胞经过一次分裂所产生的两个细胞中，一个仍然是干细胞，另一个则经过多次分裂后，变成许多各式各样的体细胞。

最近由于人胚胎干细胞的成功分离和培养，干细胞的研究受到了特别的重视。干细胞的研究为临床医学开辟了新的途径，例如骨髓移植是细胞移植，已应用多年，但供体来源有限。如果让胚胎干细胞在体外分化成所需要的细胞，就可以给患者进行移植。除细胞移植外，还可以在体外利用成体干细胞的培养，再生出有功能的组织或器官移植到患者体内，当然这种组织或器官的再生创造还需要材料等的支持。

拓 展

管家基因和奢侈基因

事实上，细胞中有两类基因：一类是维持细胞的基本结构和功能所不可缺少的基因，它们在所有细胞中都能表达，如细胞呼吸酶基因、核糖体蛋白基因等，这类基因称为管家基因；另一类是组织特异性基因，它们与各类细胞的特异性有关，如血红蛋白基因、胰岛素基因等，像血红蛋白基因这类只在特定细胞内表达的基因称为奢侈基因。

因此，细胞分化的关键在于组织特异性基因在时间、空间上的选择性表达，导致特异性蛋白质的合成。

习题 Exercises

1. 导致细胞发生分化的原因是（　　）。
A. 基因发生改变
B. 基因选择性表达
C. 细胞内含有的基因不同
D. 细胞亚显微结构的改变

2. 细胞的全能性是指（　　）。
A. 细胞具有全面的生理功能
B. 细胞既能分化，也能恢复分化前的状态
C. 已经分化的细胞仍然具有发育成完整个体的潜能
D. 已经分化的细胞全部能进一步分化

3. 同一动物个体的神经细胞与肌细胞在功能上是不同的，造成这种差异的主要原因是（　　）。
A. 二者所处的细胞周期不同
B. 二者合成的特定蛋白不同
C. 二者所含有的基因组不同
D. 二者核DNA的复制方式不同

4. 如图所示为来自同一人体的4种细胞，则下列叙述正确的是（　　）。

神经细胞　　卵细胞　　白细胞　　小肠上皮细胞

题 4 图

A. 因为来自同一人体，所以各细胞中的DNA含量相同
B. 因为各细胞中携带的基因不同，所以其形态、功能不同
C. 虽然各细胞大小不同，但细胞中含量最多的化合物相同
D. 虽然各细胞的生理功能不同，但吸收葡萄糖的方式相同

5. 分别用β-珠蛋白基因、卵清蛋白基因和丙酮酸激酶（与细胞呼吸相关的酶）基因的片段作为探针，与鸡的成红细胞、输卵管细胞和胰岛细胞中提取的总RNA进行分子杂交，结果见下表。则下列叙述不正确的是（　　　）。

A. 在成红细胞中，β-珠蛋白基因处于活动状态，卵清蛋白基因处于关闭状态
B. 输卵管细胞的基因组DNA中存在卵清蛋白基因，缺少β-珠蛋白基因
C. 丙酮酸激酶基因的表达产物对维持鸡细胞的基本生命活动很重要
D. 上述不同类型细胞的生理功能的差异与基因的选择性表达有关

题 5 表

探针细胞总RNA	β-珠蛋白基因	卵清蛋白基因	丙酮酸激酶基因
成红细胞	+	−	+
输卵管细胞	−	+	+
胰岛细胞	−	−	+

注："+"表示阳性，"−"表示阴性。

6. 十年前两个研究小组几乎同时发现，将四个特定基因导入处于分化终端的体细胞（如成纤维细胞等）中，可诱导其形成具有胚胎干细胞样分化潜能的诱导性多能干细胞。这项先进技术的潜在应用前景是（　　　）。

A. 改造和优化人类基因组结构
B. 突破干细胞定向分化的障碍
C. 解决异体组织/器官排斥难题
D. 克隆具有优良品质的动物个体

6.3 细胞的衰老、凋亡和癌变

生长和衰老、出生和死亡都是生物界的正常现象，作为基本生命系统的细胞也同样如此。

6.3.1 个体衰老与细胞衰老的关系

对于单细胞生物而言，细胞的衰老或死亡就是个体的衰老或死亡；但对于多细胞生物来说，细胞的衰老和死亡与个体的衰老和死亡并不是同步的，但从整体上看，个体衰老的过程也是组成个体的细胞普遍衰老的过程。因此，要研究个体的衰老，就必须首先研究细胞的衰老变化。

实验证实，各种细胞如果能保持它的正常分裂能力，就不会衰老。但是正常细胞的分裂能力是有一定界限的，例如人的成纤维细胞在体外培养时只能进行约50次的增殖，并且从胎儿肺部得到的成纤维细胞可在离体条件下传代约50次，从成人肺部得到的成纤维细胞在离体条件下却只能传代约20次。这说明细胞会随着细胞分裂次数的增多而衰老，细胞衰老与细胞自身有关。

6.3.2 细胞衰老的特征

细胞衰老（图6.20）的过程是细胞的生理状态和化学反应发生复杂变化的过程，最终反映在细胞的形态结构和生理功能上。衰老的细胞主要具有以下特征：细胞内水分减少，细胞萎缩，体积变小，细胞新陈代谢的速率减慢；细胞核体积增大，

细胞的衰老 | 图6.20

核膜皱折，染色质固缩，染色加深；细胞内多种酶的活性降低，呼吸速率减慢，色素逐渐积累；细胞膜通透性改变，细胞内物质交流和信息传递受阻。

6.3.3 细胞的凋亡

细胞凋亡（apoptosis）是由基因所决定的细胞主动结束生命的过程。细胞凋亡受到严格的遗传机制决定的程序性调控，因此也被称为细胞编程性死亡（programmed cell death）。

细胞凋亡是一种自然的生理过程，例如，在胎儿手的发育过程中，五个手指最初是愈合在一起的，像一把铲子，后来随着指尖的细胞自动死亡，才发育为成形的手指。人在胚胎时期要经历有尾的阶段，后来尾部细胞自动死亡，尾巴才消失。蝌蚪尾巴的消失（图6.21），也是通过细胞自动死亡实现的。在健康成人体内的骨髓和肠中，每小时约有10亿个细胞凋亡。被病原体感染的细胞的清除，也是通过细胞凋亡完成的。因此，细胞凋亡对保障生物正常的个体发育、维持内环境的稳定以及抵御外界各种因素的干扰都可起到非常关键的作用。

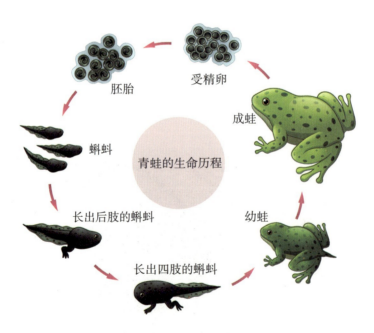

蝌蚪尾巴的消失过程 | 图 6.21

细胞坏死（necrosis）与细胞凋亡不同（图6.22）。细胞坏死是指细胞受到极端的物理、化学因素作用或受到严重的病理性刺激，使正常的代谢活动受损或中断而引起的细胞损伤和死亡。

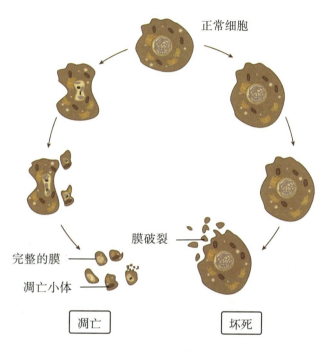

细胞凋亡与细胞坏死 | 图 6.22

细胞凋亡与细胞坏死最关键的区别是细胞膜的完整性，细胞凋亡是保持细胞膜完整性的细胞萎缩，即使到最终形成的细胞片段仍保持细胞膜包绕，这种死亡方式的最大特点是能限制炎症反应的过度发生。细胞坏死的特征表现则是细胞膜完整性的破坏会导致细胞内物质释放，而细胞内物质释放会引起明显的炎症反应。

6.3.4 细胞的癌变

正常发育的细胞在进行有丝分裂后，即可有秩序地发生分化，形成具有特定功能的细胞。可是在某些致癌因素的作用下，有些细胞中的遗传物质会发生变化，变成不受机体控制、连续进行分裂的细胞（图6.23），这种细胞称作癌细胞（cancer cell）（图6.24）。

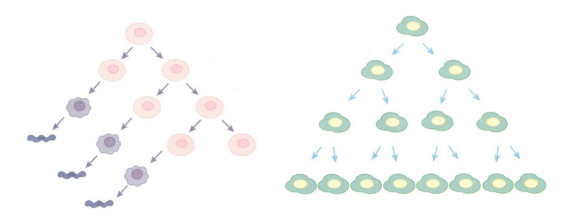

正常细胞和癌细胞的分裂比较 | 图 6.23

癌细胞 | 图 6.24

有一种人工培养的癌细胞，叫作海拉细胞（HeLa cell）（图6.25），它是从一个非洲女子海拉的宫颈癌组织中分离出来的，这种细胞在体外培养能够一代一代地传下去，存活至今，但是这种细胞的染色体已经不正常了，所以不能说原来的海拉细胞一直存活到现在。

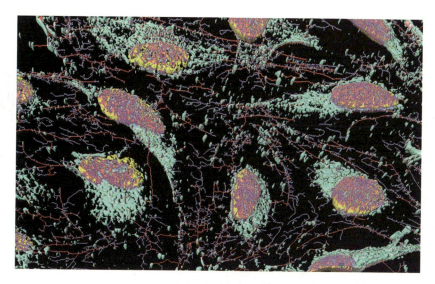

海拉细胞 | 图 6.25

癌细胞是由正常细胞转化而来的，除保留原来细胞的某些特点外，它还具有以下特点：

具有无限增殖的能力。人的细胞一般只能分裂50~60次，可是癌细胞的分裂次数是无限的。正常细胞体外培养时有接触抑制现象，一般贴壁单层生长，而癌细胞不受此限制，其分裂和增殖并不因细胞相互接触而终止，在体外培养时细胞可堆累成立体细胞群。

有些癌细胞的形态结构会发生变化。例如，体外培养时，正常的成纤维细胞呈扁平梭形，当这种细胞转变为癌细胞后就会变成球形。

癌细胞的另一个重要特点是能在体内分散和转移。正常细胞表面有一种粘连蛋白，它可使细胞与细胞之间彼此粘连而不能自由移动，癌细胞表面这种蛋白质很少或缺失，所以癌细胞很容易在组织间转移。

引起癌变的因素称为致癌因素（carcinogen）（图6.26），它可分为外部因素和内部因素两种。

外部因素可分为物理性、化学性和生物性三类。物理性致癌因素主要是放射性，占人类肿瘤病因的5%~10%。生物性致癌因素主要是致瘤性病毒，如Rous肉瘤病毒，约占肿瘤病因的5%。由遗传因素引起的肿瘤不超过5%。其余约80%的肿瘤是由化学致癌物引起的，例如黄曲霉素、亚硝胺、砷化物等。

致癌因素 | 图 6.26

内部因素是指人和动物细胞的染色体上本来存在的与癌变有关的基因（原癌基因和抑癌基因）发生了突变。原癌基因主要负责调节细胞周期，控制细胞生长和分裂的进程；抑癌基因主要负责阻止细胞不正常的增殖。在某些条件下，如病毒感染、化学致癌物或辐射作用等，原癌基因被异常激活转变为癌基因或抑癌基因发生突变，诱导细胞发生癌变。

癌症的发生并不是单一基因突变的结果，而是一种累积效应。虽然癌症发生的频率并不是很高，但癌症是威胁人类健康的最严重的疾病。因此，在日常生活中，要注重健康的生活方式，远离致癌因子，防癌比治癌更重要。

拓 展

细胞衰老的机制

20世纪90年代以来，关于细胞衰老的机制，普遍被接受的两种假说是自由基学说和端粒学说。

01 自由基学说

自由基即含有未配对电子、有很强的反应活泼性的带电分子或基团。在生命活动中，细胞中的各种氧化反应会产生自由基，辐射及有害物质也会刺激细胞产生自由基，产生的自由基会攻击和破坏细胞内各种生物大分子（图6.27）。例如，攻击生物膜中的磷脂分子，产物仍是自由基，由此引起的雪崩反应会极大地损伤生物膜；攻击DNA，使基因发生突变；攻击蛋白质，使蛋白质活性下降，这些都会致使细胞衰老。

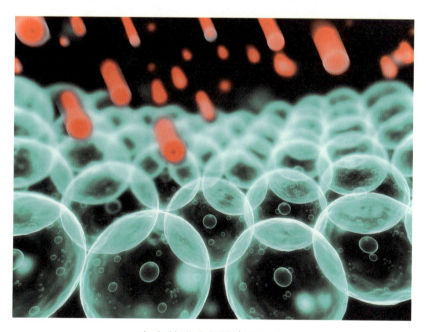

自由基攻击细胞 | 图6.27

然而，麦吉尔大学生物学系教授海克米（S. Hekimi，1956~）发表言论："人们认为，自由基造成损伤并引起了衰老，但这一所谓的'自由基衰老理论'并不正确。我们颠覆了这一理论，证实在衰老过程中自由基生成增多是因为自由基实际上是对抗而非造成了衰老。事实上，在模式生物中我们提高了自由基生成，由此大大延长了线虫的寿命。"并将其研究结果发表在2014年5月8日的《细胞》杂志上。

02 端粒学说

端粒（图6.28）是真核生物染色体末端由许多简单重复序列和相关蛋白组成的复合结构，具有维持染色体结构完整性和解决其末端复制难题的作用。端粒学说的主要内容是，细胞在每次分裂过程中都会由于DNA聚合酶功能障碍而不能完全复制它们的染色体，细胞每进行一次有丝分裂，就有一段端粒序列丢失，当端粒长度缩短到一定程度时，就会使细胞停止分裂，导致其衰老与死亡。

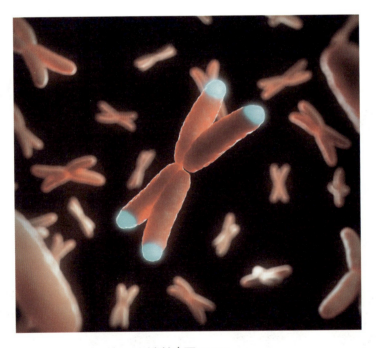

端粒 | 图6.28

习题 Exercises

1. 关于个体衰老与细胞衰老的关系，下列说法正确的是（　　）。
A. 细胞的衰老就是个体的衰老
B. 衰老的生物体内，细胞都处于衰老状态
C. 年幼的生物体内，没有衰老细胞
D. 从总体上看，个体衰老的过程是组成个体的细胞普遍衰老的过程

2. 下列关于细胞凋亡的叙述，错误的是（　　）。
A. 细胞凋亡受细胞自身基因的调控
B. 细胞凋亡也称为细胞编程性死亡
C. 细胞凋亡不出现在胚胎发育过程中
D. 被病原体感染的细胞可通过细胞凋亡清除

3. 下列关于细胞衰老的叙述，错误的是（　　）。
A. 在衰老的细胞内水分减少，细胞萎缩，体积变小
B. 衰老的细胞新陈代谢减慢
C. 衰老细胞的形态、结构和功能都发生了变化
D. 衰老细胞的细胞膜通透性功能改变，物质运输功能增强

4. 下列关于细胞的分化、衰老、凋亡和癌变的叙述，正确的是（　　）。
A. 线虫发育过程中细胞数量减少，是细胞衰老坏死的结果
B. 恶性肿瘤细胞有无限增殖的特性，所以不易被化疗药物杀死
C. 人的造血干细胞是全能干细胞，可以分化为多种细胞
D. 体外培养时，儿童的成纤维细胞传代次数多于成人的成纤维细胞传代次数

章末总结

知识图谱 Knowledge Graph

细胞的增殖
- 细胞周期
  - 细胞增殖的周期
  - 时期
    - 分裂间期：物质准备与积累阶段
    - 分裂期：细胞分裂成两个细胞的阶段
- 分裂方式
  - 有丝分裂
    - 概念：真核生物增殖体细胞的主要方式
    - 过程：间期、前期、中期、后期、末期
    - 意义：保证亲子代细胞遗传性状的稳定性
  - 减数分裂
  - 无丝分裂
    - 过程：细胞核先缢裂，之后整个细胞缢裂
    - 特点：细胞内无纺锤丝和染色体的出现
    - 实例：蛙的红细胞、蚕的睾丸上皮细胞、人体的部分肝细胞
- 意义：重要的细胞生命活动、生命的重要特征之一

细胞的生命历程
- 细胞的增殖
- 细胞的分化
- 细胞的衰老、凋亡和癌变

细胞的分化
- 个体发育中，由一个或一种细胞增殖产生的后代，在形态结构和生理功能上发生稳定性差异的过程
- 细胞的全能性：已分化的细胞，仍具有发育成完整个体的潜能
- 干细胞：动物和人体内一些具有分裂和分化能力的细胞
  - 全能干细胞
  - 多能干细胞
  - 专能干细胞

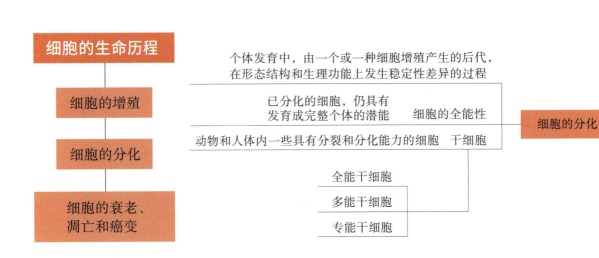

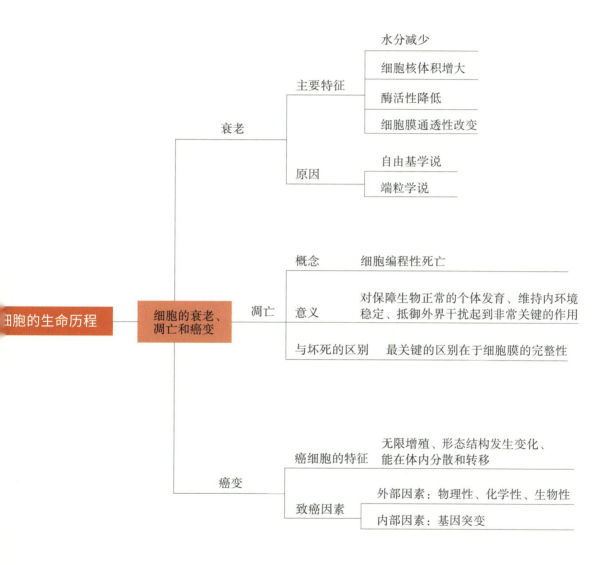

迁移应用 Migrating Applications

1. 下列关于人体细胞分化、衰老、凋亡与癌变的叙述，错误的是（　　）。
   A. 细胞分裂能力随细胞分化程度的提高而减弱
   B. 衰老细胞中各种酶的活性显著降低
   C. 细胞凋亡有助于机体维持自身的稳定
   D. 细胞凋亡是由基因决定的细胞自动结束生命的过程

2. 在细胞的生命历程中，会出现分裂、分化等现象。下列叙述错误的是（　　）。
   A. 细胞的有丝分裂对生物性状的遗传有贡献
   B. 哺乳动物的造血干细胞是未经分化的细胞
   C. 细胞分化是细胞内基因选择性表达的结果
   D. 通过组织培养可将植物叶肉细胞培育成新的植株

3. 下列关于植物细胞的叙述，错误的是（　　）。
   A. 高度分化的成熟叶肉细胞不具备发育成完整植株的潜能
   B. 植物细胞在有氧条件下的呼吸终产物与无氧条件下的不同
   C. 种子胚根和胚芽中的所有细胞都是由受精卵分裂分化而来的
   D. 叶肉细胞和根尖细胞在结构和功能上的差异是细胞分化的结果

4. 下列实例可以说明细胞具有全能性的是（　　）。
   A. 皮肤被划破后，伤口重新愈合
   B. 蜥蜴受攻击断尾后重新长出尾部
   C. 造血干细胞增殖、分化出各种血细胞
   D. 胡萝卜组织块经离体培养产生完整植株

5. 骨髓移植是治疗白血病常用的有效方法之一，因为移植骨髓的造血干细胞能在患者体内（　　）。
   A. 发生减数分裂　　　　　　　　B. 诱发细胞坏死
   C. 增殖、分化出多种血细胞　　　D. 促进细胞衰老

6. 如图所示为白细胞与血管内皮细胞之间识别、黏着后，白细胞迁移并穿过血管进入炎症组织的示意图，则下列叙述错误的是（　　）。

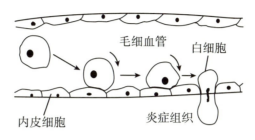

题 6 图

A. 内皮细胞识别结合白细胞膜上的糖蛋白质使白细胞黏着
B. 白细胞在血管内黏着、迁移需要消耗 ATP
C. 黏着、迁移过程中白细胞需进行基因的选择性表达
D. 白细胞利用细胞膜的选择透过性穿过血管壁进入炎症组织

7. 下图是细胞重大生命活动图式，请据图回答下列问题：

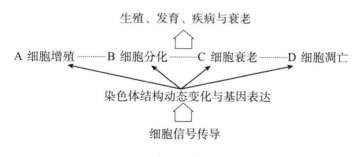

题 7 图

（1）上图表示的是_____（"真核"或"原核"）生物细胞重大生命活动的图式。
（2）A、B、C、D 中，染色体形态的动态变化主要发生在_____，染色质固缩、染色加深发生在_____。溶酶体活动旺盛发生在_____。能导致细胞形态、结构、功能都发生改变的是_____。遗传信息没有发生改变的是_____。
（3）若细胞是正在衰老的细胞，则该细胞中细胞核发生的变化是_____。

8. 图甲表示洋葱根尖的不同区域；图乙表示洋葱根尖处于有丝分裂的各阶段时，一个细胞核中 DNA 的相对含量变化；图丙呈现的是细胞分裂过程中某一物质的形态变化。请据图回答下列问题：

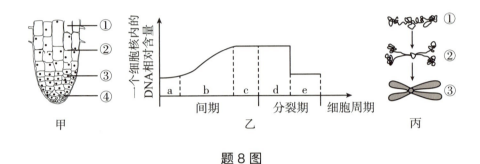

题 8 图

（1）图甲中，①②③④细胞形态不同的根本原因是_____。

（2）图丙中，① → ② 表示的遗传物质变化过程发生在图乙的_____（填字母），② → ③ 表示的生理变化过程发生在细胞周期的_____期。图乙的曲线是选择图甲中的_____（填序号）区细胞作为材料而获得的。

（3）从根尖取一细胞能在体外条件下培养成一个植物体，说明植物细胞具有_____性；克隆羊"多莉"的成功诞生说明动物的_____具有该特性。

附录 1
中英文词汇对照

细胞　cell

光学显微镜　optical microscope

电子显微镜　electron microscope

生命系统　life system

原核细胞　prokaryotic cell

真核细胞　eukaryotic cell

细胞学说　cell theory

透射电子显微镜　transmission electron microscope

扫描电子显微镜　scanning electron microscope

扫描隧道显微镜　scanning tunneling microscope

活力论　vitalism

还原论　reductionism

脱氧核糖核酸　deoxyribonucleic acid

核糖核酸　ribonucleic acid

腺嘌呤　adenine

鸟嘌呤　guanine

胞嘧啶　cytosine

胸腺嘧啶　thymine

尿嘧啶　uracil

糖类　carbohydrate

脂质　lipid

饱和脂肪酸　saturated fatty acid

不饱和脂肪酸　unsaturated fatty acid

质膜　plasma membrane

细胞质　cytoplasm

细胞器　organelle

线粒体　mitochondrion

叶绿体　chloroplast

内质网　endoplasmic reticulum
高尔基体　golgi apparatus
液泡　vacuole
溶酶体　lysosome
中心体　centrosome
核糖体　ribosome
细胞骨架　cytoskeleton
细胞质基质　cytosol
生物膜系统　biomembrane system
细胞核　nucleus
染色体　chromosome
扩散　diffusion
渗透　osmosis
质壁分离　plasmolysis
被动运输　passive transport
自由扩散　free diffusion
转运蛋白　transport protein
协助扩散　facilitated diffusion
主动运输　active transport
胞吞作用　endocytosis
胞吐作用　exocytosis
ATP　adenosine triphosphate
有氧呼吸　aerobic respiration
无氧呼吸　anaerobic respiration
光反应　light reaction
碳反应　carbon reaction
有丝分裂　mitosis
无丝分裂　amitosis
减数分裂　meiosis
细胞周期　cell cycle
分裂间期　interphase

分裂期 mitotic phase
细胞分化 cell differentiation
全能性 totipotency
干细胞 stem cell
细胞凋亡 apoptosis
细胞坏死 necrosis
细胞编程性死亡 programmed cell death
癌细胞 cancer cell
致癌因素 carcinogen

附录 2
科学大事记

- 1648年，比利时医生赫尔蒙特提出：柳树生长所需物质不是来自土壤，而是来自水。
- 1665年，英国科学家虎克用自制的显微镜发现了细胞。
- 1674年，荷兰科学家列文虎克通过显微镜观察并描述了单细胞生物。
- 1771年，英国牧师兼化学家普利斯特利通过实验证实，植物可以更新"污浊"的空气。
- 1773年，意大利科学家斯帕兰扎尼推断胃液中一定含有消化肉块的物质。
- 1779年，荷兰医生英格豪斯发现：普利斯特利的实验只有在阳光照射下才能成功；绿色植物只有在光照下才能更新混浊的空气。
- 1782年，瑞士牧师塞尼比尔得出结论：光和二氧化碳是植物放氧所必需的，氧气来自二氧化碳。
- 1833年，法国的培安和培洛里发现了淀粉酶。
- 1836年，德国马普生物研究所科学家施旺从胃液中提取出了消化蛋白质的物质，解开了消化之谜。
- 1838年，德国植物学家施莱登研究得出：细胞是植物体中普遍存在的结构。
- 1841年，德国胚胎学家雷马克研究小鸡的胚胎发育实验，后来被发现是无丝分裂。
- 1844年，德国植物学家耐格里发现新细胞的产生原来是细胞分裂的结果。
- 1845年，德国科学家梅耶提出：植物在进行光合作用时，把光能转化成化学能储存起来。
- 1855年，瑞典科学家耐格里发现了细胞膜。
- 1858年，德国病理学家魏尔肖提出"细胞只能来自细胞"，即细胞是通过分裂产生新的细胞。
- 1864年，德国植物学家萨克斯证明了光合作用的产物有淀粉。

- 1872年，居尼所提出"酶"这个名称。

- 1880年，美国科学家恩格尔曼得出结论：氧气由叶绿体释放出来，叶绿体是绿色植物进行光合作用的场所。

- 1894年，费歇尔提出"锁钥学说"来解释酶作用的专一性。

- 1895年，欧文顿通过大量实验提出：膜是由脂质组成的。

- 1902年，德国植物科学家哈伯兰特大胆预言离体的植物细胞能够发育成完整的植物体。

- 1925年，荷兰科学家戈特和格伦德尔提出了脂质双分子模型。

- 1926年，美国科学家萨姆纳通过化学实验证实了脲酶是一种蛋白质。

- 1935年，英国学者丹尼利和戴维森提出了"蛋白质—脂类—蛋白质"模型。

- 1937年，英国科学家希尔用离体叶绿体做实验，发现叶绿体中有氧气放出。

- 1939年，美国科学家鲁宾和卡门证明了光合作用释放的氧气来自水。

- 1945年，波特等人发现了在细胞内有连续相通的膜性管道系统——内质网。

- 1955年，德迪弗发现了含有多种水解酶的膜性细胞器——溶酶体。

- 1958年，美国植物学家斯图尔德证实了哈伯兰特50多年的预言是正确的。

- 1959年，罗伯特森提出了"单位膜模型"假说。

- 1963年，美国科学家确定了细胞的骨架系统。

- 1970年，弗雷和埃迪登等科学家的实验表明了细胞膜具有流动性。

- 1972年，桑格和尼克森总结有关膜结构的模型，提出了流动镶嵌模型。

- 1982年，美国科学家切赫和奥尔特曼发现少量RNA也具有生物催化作用。

- 1986年，舒尔茨和勒纳研制出抗体酶。